Dorothee Wolters

PERSONEN, GEGENSTÄNDE, VORGÄNGE & Co.

BESCHREIBUNGEN im Deutschunterricht trainieren

80 kopierfertige Bildvorlagen für die Klassen 5–8

Verlag an der Ruhr

IMPRESSUM

Titel
Personen, Gegenstände, Vorgänge & Co – Beschreibungen im Deutschunterricht trainieren
80 kopierfertige Bildvorlagen für die Klassen 5–8

Autorin
Dorothee Wolters

Umschlagmotive und Illustrationen im Innenteil
Dorothee Wolters

Druck
Heenemann GmbH & Co. KG, Berlin, DE

Verlag an der Ruhr
Mülheim an der Ruhr
www.verlagruhr.de

Geeignet für die Klassen 5–8

ISBN 978-3-8346-4339-1

INHALTSVERZEICHNIS

VORWORT

Liebe Kolleg*innen[1],

das Beschreiben stellt einen zentralen Lerngegenstand im Deutschunterricht dar. Diese informierende und sachbetonte Textform ist jedoch aufgrund ihrer speziellen Anforderungen an Sprache und Aufbau den meisten Schüler*innen nicht so leicht zugänglich und erfordert viel Übung.
Material zum Üben verschiedener Beschreibungsformen, wie z. B. Personen-, Tier-, Gegenstands- oder Ortsbeschreibungen, findet sich im Alltag eigentlich fast überall: In Zeitschriften, Büchern, im Internet oder auf Fotos lassen sich Motive finden, die als Grundlage für Beschreibungen dienen können. Das Manko dieser Motive liegt jedoch in ihrer Beschaffenheit – Darstellungen mit einer begrenzten Anzahl von benennbaren Details, einer geeigneten Perspektive und der passenden Größe und Qualität zu finden, ist nicht so einfach. Vor allem dann, wenn ein oder zwei Motive zum Üben nicht ausreichen, sondern die Schüler*innen mehr vom Gleichen benötigen, also ausreichend viele, ähnlich geartete und qualitativ gleichwertige Abbildungen als Vorlage für Beschreibungen.
Dieser Umstand stellt den Ausgangspunkt für die vorliegenden Materialien dar. Sie finden in diesem Band **80 Vorlagen für die gängigen Beschreibungsarten**, die alle „aus einem Guss" stammen, d. h. mit eindeutig identifizierbaren Details versehen sind und im gleichen Stil gezeichnet wurden – ausreichend Übungsmaterial also für zahlreiche Beschreibungen.

Die 80 Vorlagen sind in folgenden zehn Kategorien zusammengefasst:

Personenbeschreibung	Personen
Tierbeschreibung	Tiere
Gegenstandsbeschreibung	Gegenstände
Ortsbeschreibung	Orte
Wegbeschreibung	Wege
Bildbeschreibung	Bilder
Beschreibung von	
Diagrammen und **Schaubildern**	Schaubilder, Diagramme
Vorgangsbeschreibung unterteilt in:	
Rezept und **Anleitung**	Rezepte, Anleitungen

Die Zugehörigkeit zu der jeweiligen Kategorie ist auf den Arbeitsblättern an der Kennzeichnung am oberen Rand erkennbar.

Damit das Üben nicht langweilig wird, finden Sie **zu jeder Beschreibungsart jeweils vier Vorlagen in zwei Schwierigkeitsstufen mit unterschiedlichen Motiven.**

[1] Der Verlag an der Ruhr legt großen Wert auf eine geschlechtergerechte und inklusive Sprache. Daher nutzen wir das Gendersternchen, um sowohl männliche und weibliche als auch nichtbinäre Geschlechtsidentitäten einzuschließen. Alternativ verwenden wir neutrale Formulierungen. In Texten für Schüler*innen finden sich aus didaktischen Gründen neutrale Begriffe bzw. Doppelformen.

Die Schwierigkeitsstufen erkennen Sie auf den Arbeitsblättern an den folgenden Symbolen: ☆ und ☆☆. Falls Sie den Schüler*innen nicht zu erkennen geben wollen, auf welchem Niveau sie gerade üben, können Sie das Symbol vor dem Kopieren der Vorlagen abdecken.
Zusätzlich zu den Vorlagen finden Sie **zu einigen ausgewählten Darstellungen ergänzende Informationen**. Diese beziehen sich auf Abbildungen, die aufgrund ihrer Beschaffenheit weiterer Erläuterungen bedürfen. Sie enthalten Angaben **zu Merkmalen und Funktionen der Motive** und sollen es Ihnen erleichtern, die Abbildungen vollständig zu erfassen, etwaige Fachbegriffe parat zu haben und die Kriterien für das Verfassen der jeweiligen Beschreibungen festzulegen, um mit den Schüler*innen auf eine möglichst hohe Detailgenauigkeit hinzuarbeiten. Die Informationen sind stichpunktkartig zusammengefasst. Sicherlich fallen Ihnen noch weitere Begriffe und Formulierungen ein, welche die dargestellten Personen, Tiere, Gegenstände etc. darüber hinaus sinnvoll beschreiben.
Sie können entscheiden, ob und welche der Informationen und (Fach-)Begriffe Sie den Schüler*innen zur Verfügung stellen, und auf diese Weise das Anspruchsniveau der Beschreibungen weiter variieren. Beispielsweise können Sie die Abbildungen beschriften, um die wesentlichen (Fach-)Begriffe, Funktionen etc. an die Schüler*innen weiterzugeben. Möglich ist es auch, die Schüler*innen zur Funktionsweise bestimmter Geräte, zu speziellen Merkmalen und Fachbegriffen selbst im Internet recherchieren zu lassen.
Bei den Tierbeschreibungen ist es ratsam, die Abbildungen durch Informationen zur Färbung und Beschaffenheit von Fell, Federn etc. zu ergänzen, damit die Schüler*innen einen möglichst vollständigen Eindruck von dem Aussehen des jeweiligen Tieres erhalten. Beim Fantasietier (S. 14) und der Perückentaube (S. 16) ist dies jedoch nicht notwendig, da die Jakobinertaube weiß ist und das Fantasietier eine beliebige Färbung haben kann.
Weiterhin müssen für eine vollständige Tierbeschreibung Angaben zum Lebensraum, zu Verhalten, zur Nahrung und etwaige Besonderheiten der Tiere ergänzt werden. Auch hierbei bietet es sich an, die Schüler*innen selbstständig recherchieren zu lassen und auf diese Weise in die jeweilige Tierbeschreibung einzusteigen. Beim Fantasietier (S. 14) ist dies selbstverständlich nicht möglich bzw. kann durch eigene, fantasievolle Angaben ersetzt werden. Daher eignet sich das Fantasietier ganz besonders als Einstiegsübung in die Tierbeschreibungen, da Ihre Schüler*innen ganz frei den Lebensraum, die Nahrung und die Besonderheiten des Tieres erfinden können und keine der Angaben falsch sein kann.

Ich wünsche Ihren Schüler*innen viel Erfolg und Spaß beim Beschreiben des Einradfahrers, des Wählscheibentelefons oder der Baustelle, beim Finden des richtigen Weges oder bei der Zubereitung der Schinken-Käse-Brötchen!

Ihre Dorothee Wolters

☆

Mädchen mit Rastazöpfen

Einradfahrer

☆

Mann im Sessel

Marktfrau

☆☆

Rapper

Mann mit Smartphone

☆☆

Sitzende Frau

Schlafende Frau

☆

Fantasietier

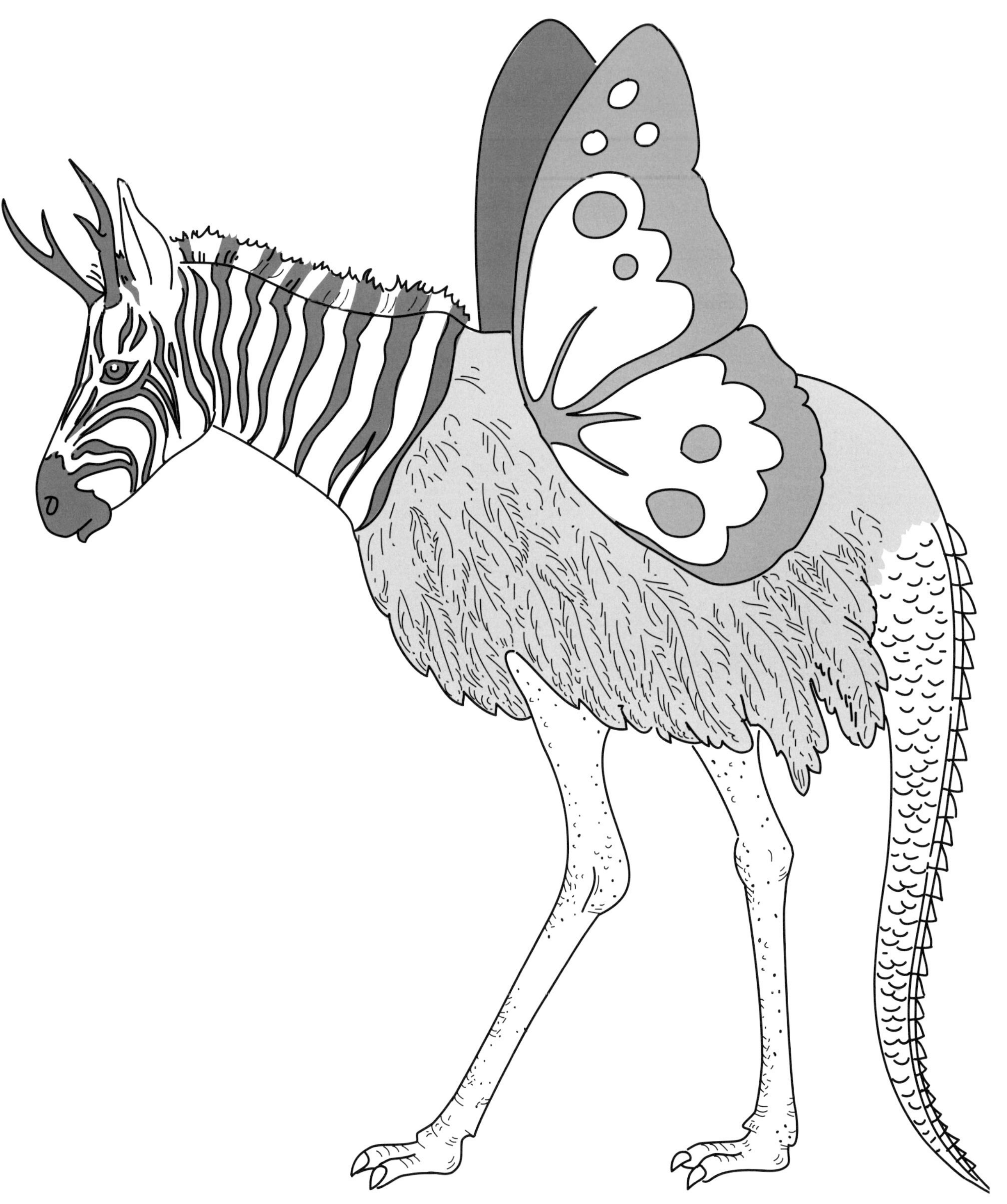

Chinesischer Faltenhund (Shar Pei)

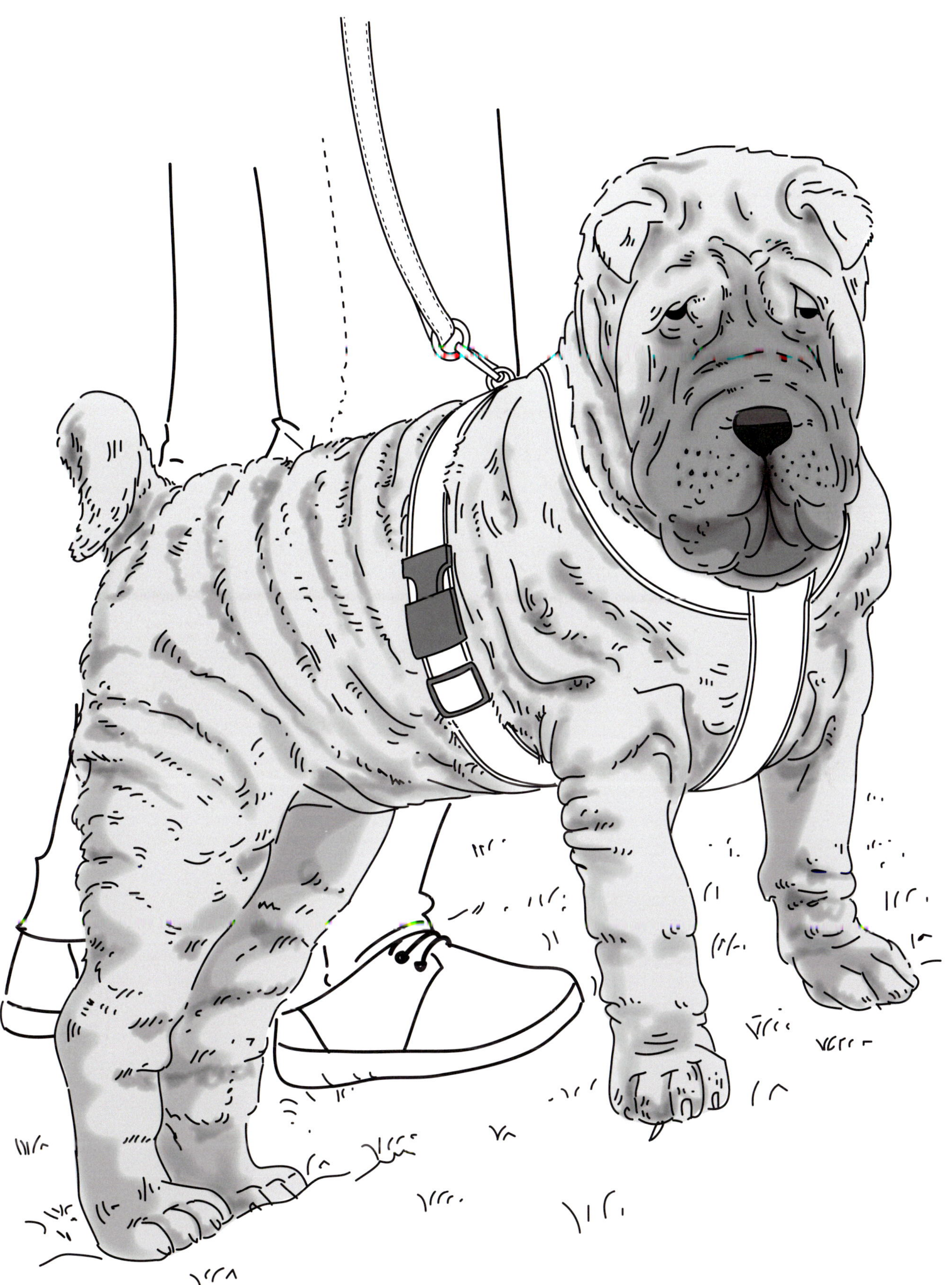

☆

Weiße Perückentaube (Jakobinertaube)

Wollhaarmammut

☆☆

Saiga-Antilope

Libelle „Teichjungfer“

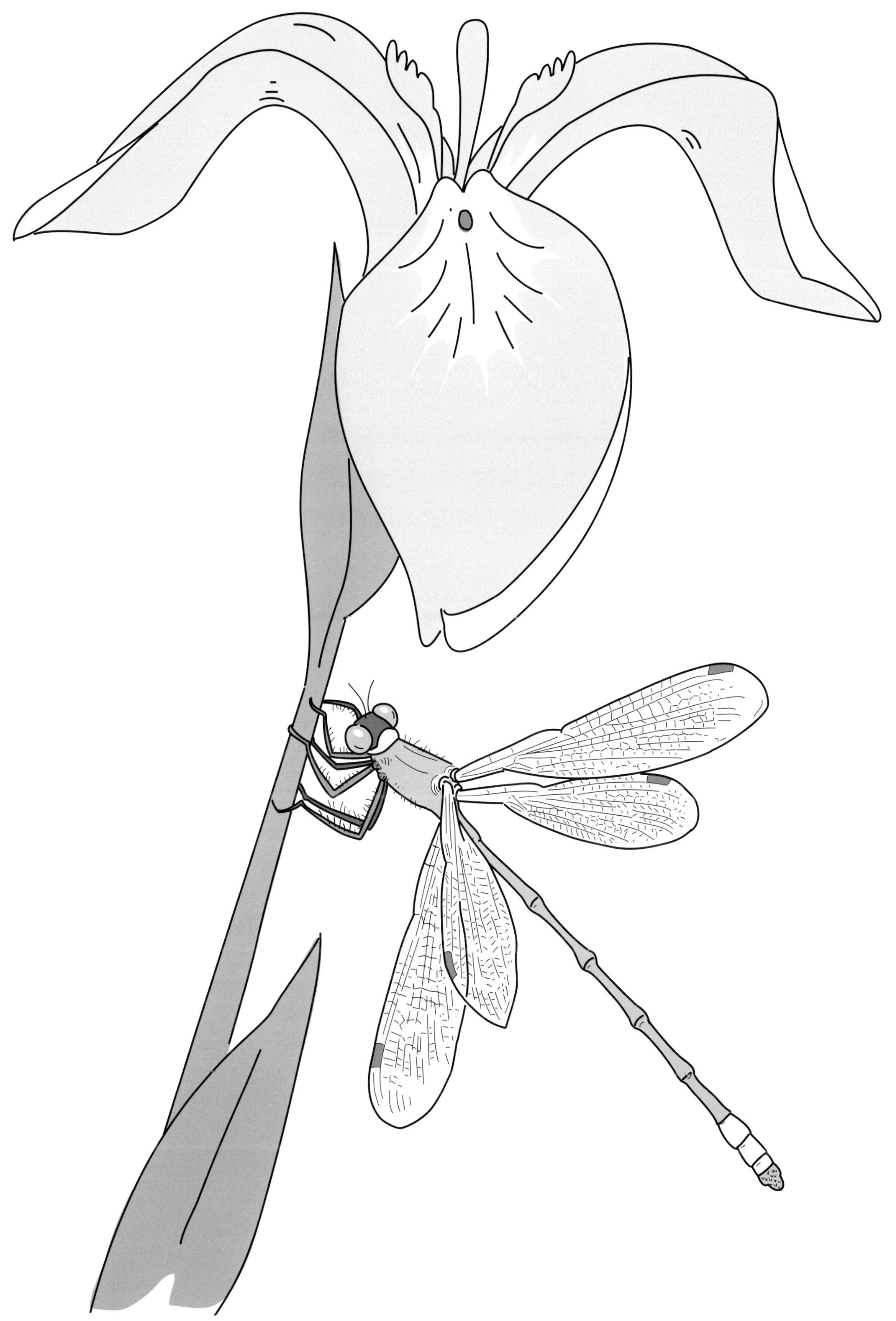

☆☆

Fledermaus „Langohr“

Europäische Gottesanbeterin

☆

Roboter

Seifenkiste

Kinderwagen

Kinderwagen: „Bubufix"

Gesamtgewicht: 23 kg
Abmessungen im ausgeklappten Zustand: 82 x 110 x 62 cm

Bereifung und Räder:
+ Luftreifen
+ hintere Räder schwenkbar

Weitere Merkmale:
+ bedienerfreundliche Bauweise
+ platzsparend zusammenklappbares Gestell
+ höhenverstellbare Lenkstange (70 bis 110 cm)
+ abnehmbarer, schwenkbarer Sonnenschirm
+ geräumige Wickeltasche an der Lenkstange
+ Schalenaufsatz mit Verdeck als Wind- und Wetterschutz
+ Sichtfenster am Verdeck
+ großes Einkaufsnetz

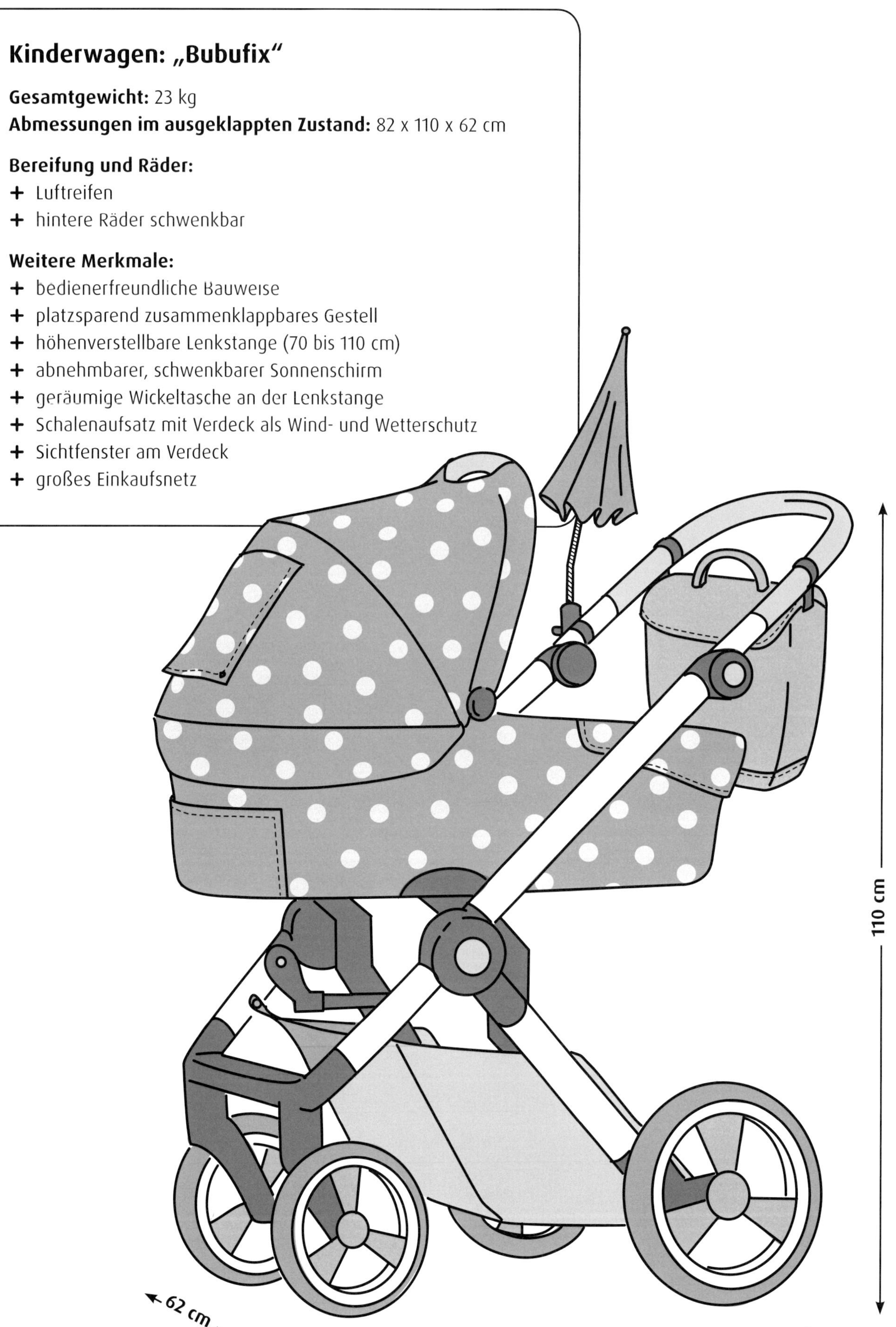

Standventilator

Leistungsstarker Ventilator: „Kühle Brise TGKL-750"

Der Klassiker unter den Ventilatoren!

Produktdetails:

+ drei kräftige Rotorblätter im Metall-Schutzgitter
+ verstellbarer Neigungswinkel
+ hohe Luftzirkulation durch zwei Laufgeschwindigkeiten
+ höhenverstellbar (60 bis 100 cm)
+ sicherer Stand
+ schlichtes, modernes Design

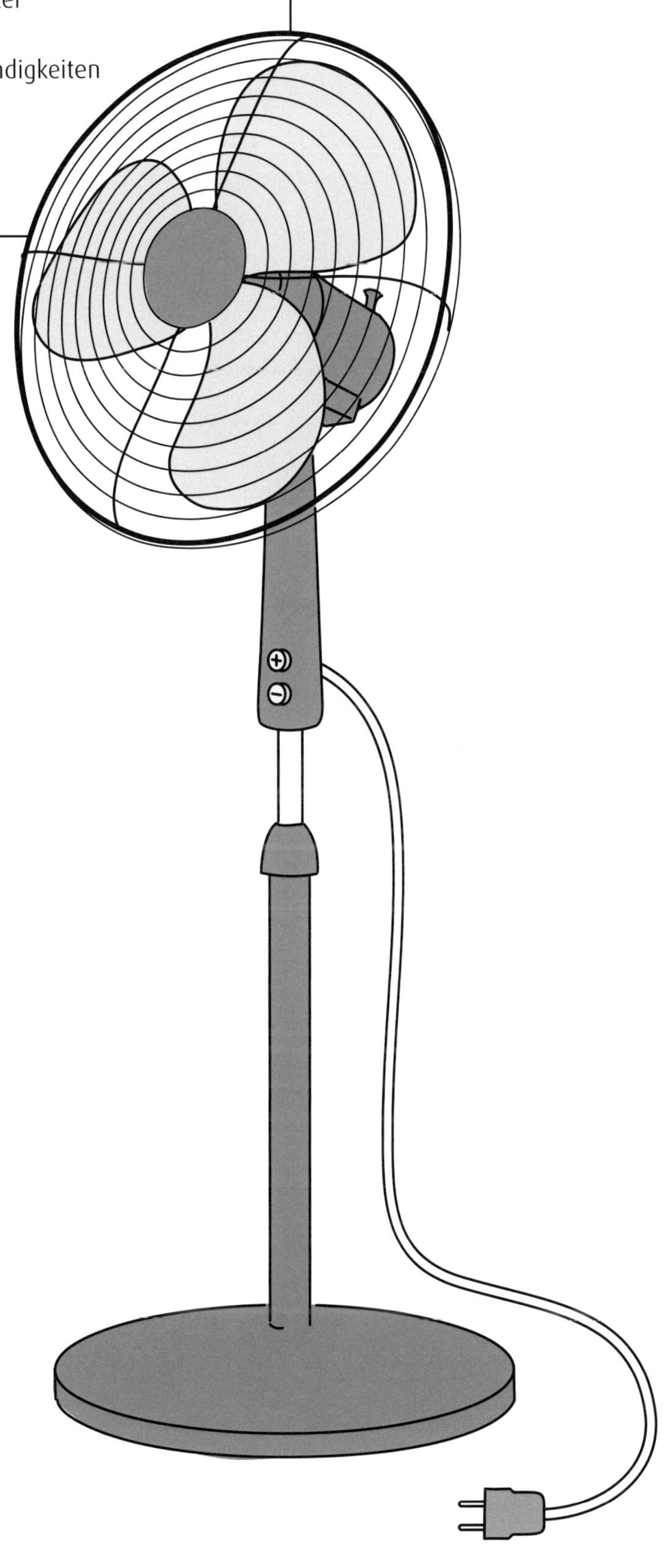

☆☆

Mixer

Vielseitiger Mixer: „Quickmix Queen"

Produktdetails:

+ als Stand- oder Handmixer verwendbar
+ Geräteständer mit großer Rührschüssel (3,9 Liter)
+ inkl. Knethaken und Rührbesen
+ Rührwerkzeuge aus rostfreiem Edelstahl
+ Zubehör spülmaschinengeeignet
+ freihändige Anwendung möglich
+ fünf Schaltstufen zur Geschwindigkeitsregulierung
+ ergonomischer Griff (liegt perfekt in der Hand)
+ rutschfeste Fläche unter der Rührschüssel (für ein rutschfreies Arbeiten)
+ Saugfüße unter der Standfläche (für einen festen und sicheren Stand)

Wählscheibentelefon

☆☆

Alte Nähmaschine

Kinderkarussell

☆

Friseursalon

Bushaltestelle

☆

Kinderspielplatz

Freibad

☆☆

Zukunftsstadt

Moderner Bahnhof

☆☆

Baustelle

Restaurant

☆

Vom Schloss Kunigunde bis zum Zoo

Du machst zu Fuß eine Stadt-Tour und besichtigst zuerst das Schloss Kunigunde, machst einen Abstecher zum bekannten Reiterdenkmal, besuchst anschließend das Technik-Museum und zum Schluss den Zoo.

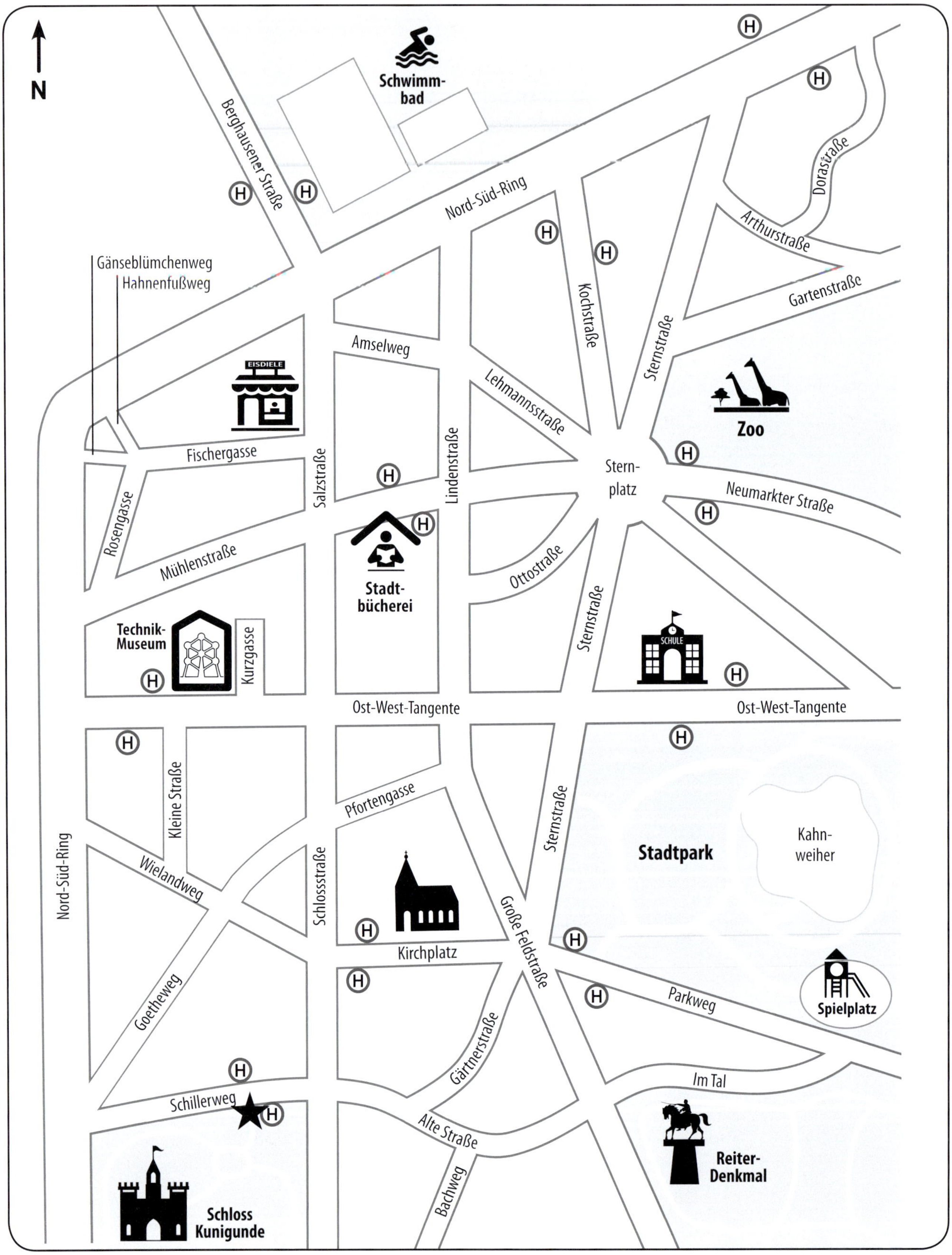

N
Schwimm-bad
Berghausener Straße
Nord-Süd-Ring
Doraststraße
Arthurstraße
Gartenstraße
Gänseblümchenweg
Hahnenfußweg
Amselweg
Kochstraße
Sternstraße
Lehmannsstraße
EISDIELE
Zoo
Fischergasse
Salzstraße
Lindenstraße
Stern-platz
Neumarkter Straße
Rosengasse
Mühlenstraße
Ottostraße
Stadt-bücherei
Sternstraße
SCHULE
Technik-Museum
Kurzgasse
Ost-West-Tangente
Ost-West-Tangente
Kleine Straße
Pfortengasse
Sternstraße
Kahn-weiher
Stadtpark
Nord-Süd-Ring
Wielandweg
Schlossstraße
Große Feldstraße
Kirchplatz
Goetheweg
Gärtnerstraße
Parkweg
Spielplatz
Im Tal
Schillerweg
Alte Straße
Bachweg
Reiter-Denkmal
Schloss Kunigunde

Von der Schule zum Schwimmbad

Du triffst dich nach der Schule mit Freunden im Schwimmbad. Ihr nehmt den Bus von der Schule aus dahin. Nach dem Schwimmen geht ihr noch zu Fuß zur Eisdiele. Anschließend gibst du noch ein ausgeliehenes Buch in der Stadtbücherei ab und gehst nach Hause in die Pfortengasse.

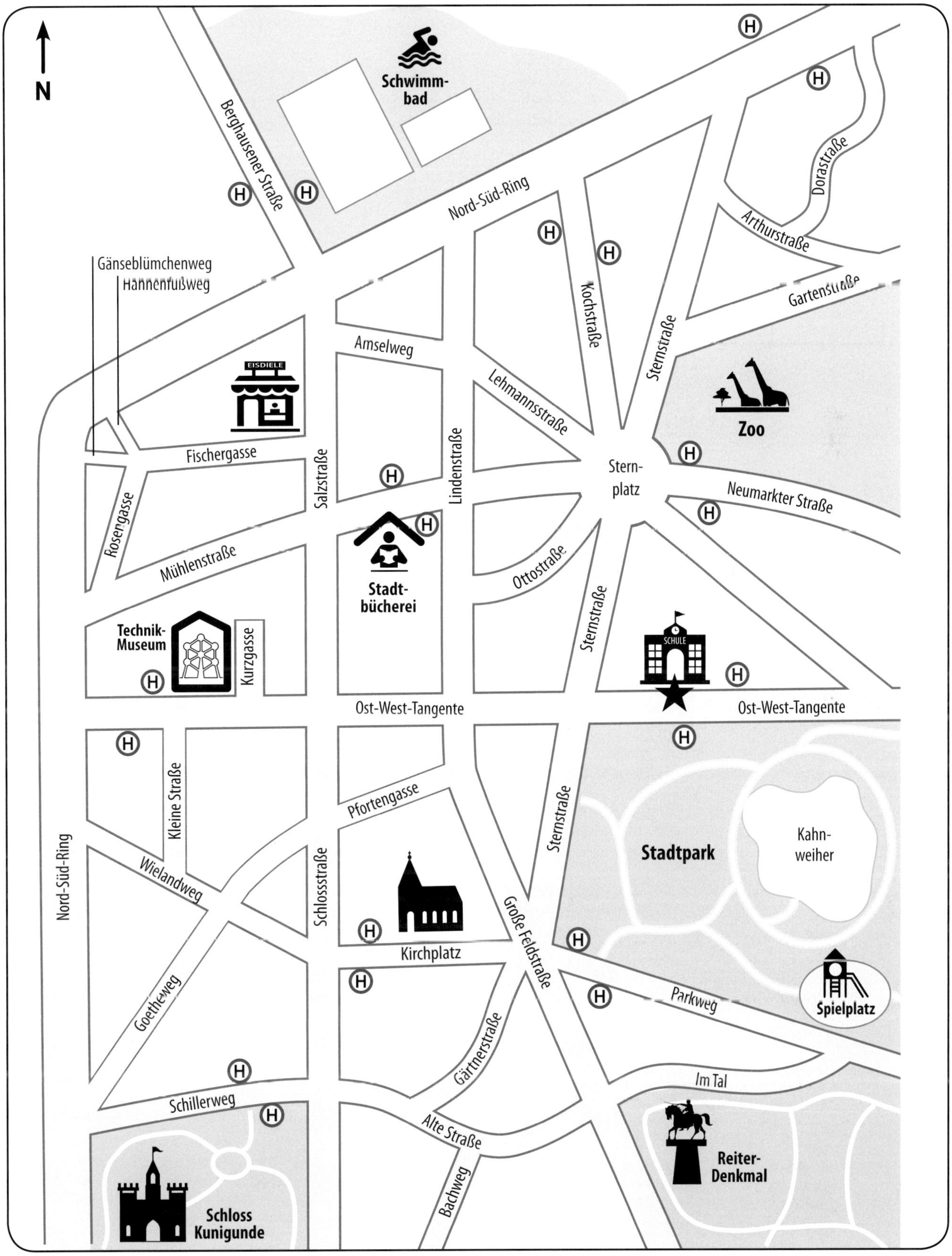

N
Schwimmbad
Berghausener Straße
Nord-Süd-Ring
Doraststraße
Arthurstraße
Gartenstraße
Gänseblümchenweg
Hahnenfußweg
Kochstraße
Sternstraße
Amselweg
Lehmannsstraße
EISDIELE
Zoo
Fischergasse
Salzstraße
Lindenstraße
Sternplatz
Neumarkter Straße
Rosengasse
Mühlenstraße
Ottostraße
Stadtbücherei
Technik-Museum
Kurzgasse
SCHULE
Ost-West-Tangente
Ost-West-Tangente
Kleine Straße
Pfortengasse
Sternstraße
Kahnweiher
Stadtpark
Wielandweg
Schlossstraße
Große Feldstraße
Nord-Süd-Ring
Kirchplatz
Goetheweg
Parkweg
Spielplatz
Gärtnerstraße
Im Tal
Schillerweg
Alte Straße
Reiter-Denkmal
Bachweg
Schloss Kunigunde

Vom Gänseblümchenweg zum Stadtpark

Du wohnst im Gänseblümchenweg und willst zu Fuß zum Spielplatz im Stadtpark. Auf dem Hinweg holst du dir noch ein Eis. Für den Rückweg entscheidest du dich für den Bus, der an der Sternstraße hält.

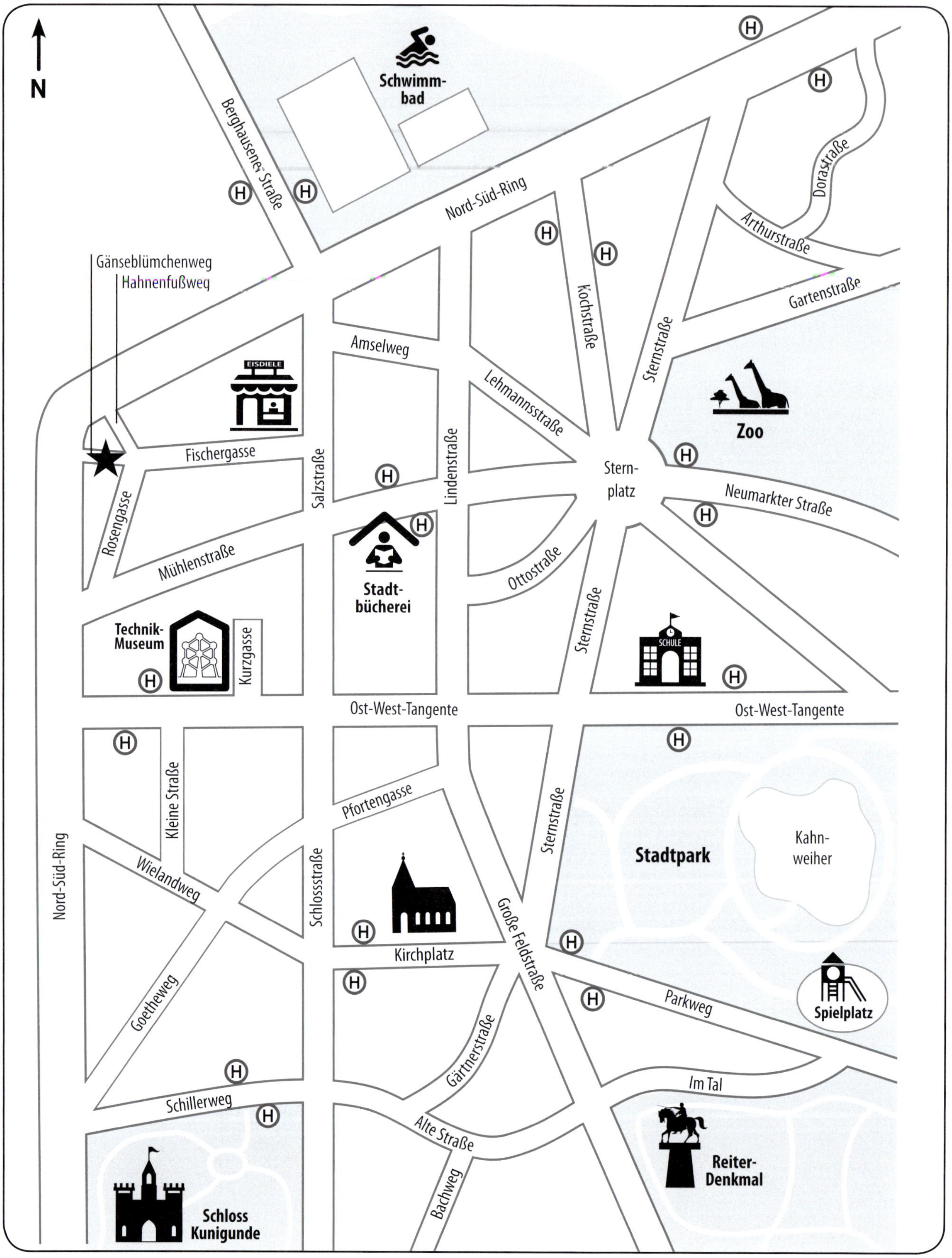

N
Schwimm-bad
Berghausener Straße
Nord-Süd-Ring
Gänseblümchenweg
Hahnenfußweg
Doraštraße
Arthurstraße
Gartenstraße
Kochstraße
Sternstraße
Amselweg
Lehmannsstraße
EISDIELE
Zoo
Fischergasse
Salzstraße
Lindenstraße
Stern-platz
Neumarkter Straße
Rosengasse
Mühlenstraße
Stadt-bücherei
Ottostraße
Technik-Museum
Kurzgasse
SCHULE
Ost-West-Tangente
Ost-West-Tangente
Kleine Straße
Pfortengasse
Stadtpark
Kahn-weiher
Wielandweg
Schlossstraße
Große Feldstraße
Kirchplatz
Parkweg
Spielplatz
Goetheweg
Gärtnerstraße
Im Tal
Schillerweg
Alte Straße
Bachweg
Reiter-Denkmal
Schloss Kunigunde

Vom Bachweg zum Schwimmbad

Du wohnst im Bachweg/Ecke Alte Straße und besuchst einen Freund, der am Ende der Dorastraße wohnt. Du gehst zu Fuß zu ihm. Ihr lasst eurer Treffen später in der Eisdiele ausklingen, wo ihr ebenfalls zu Fuß hingeht.

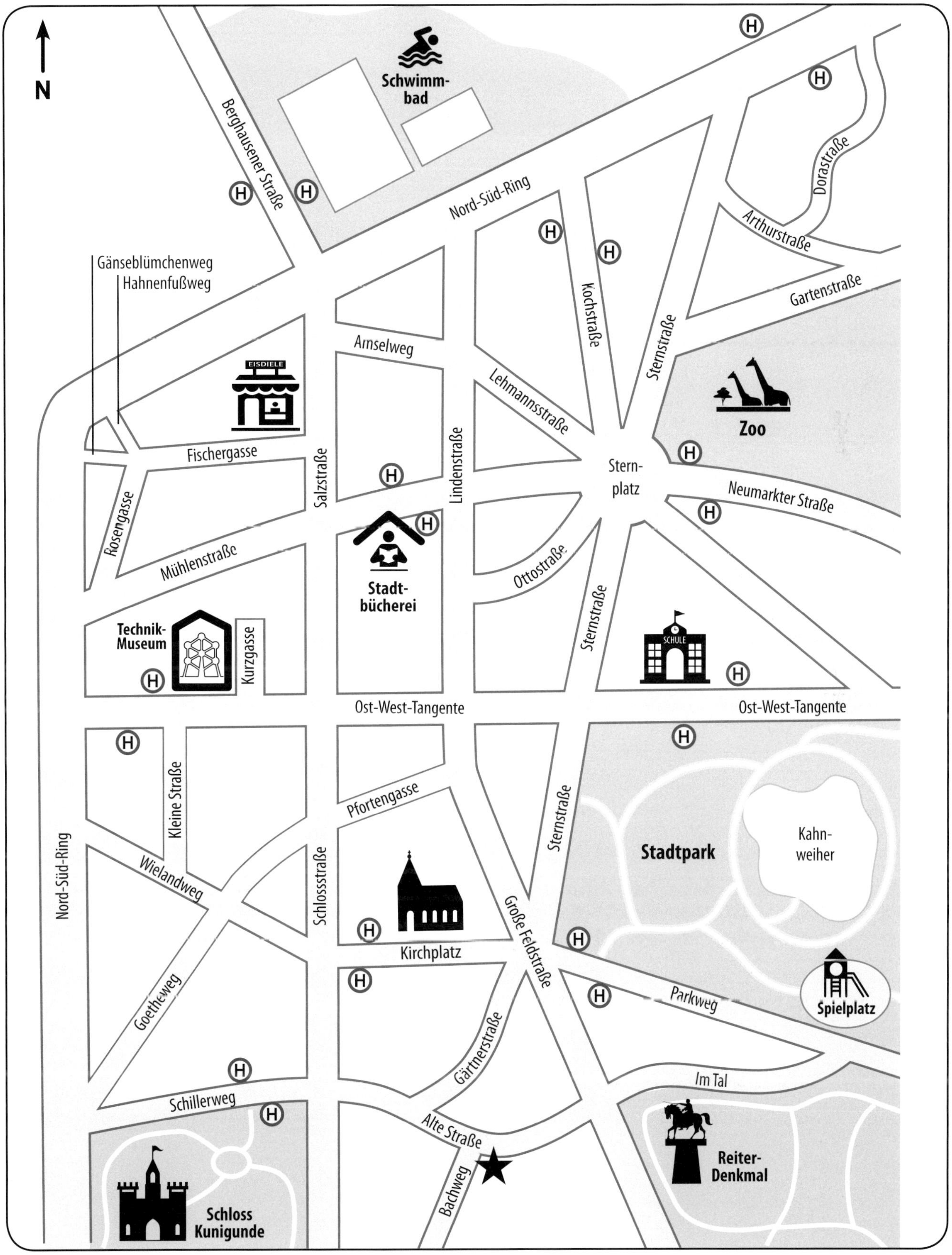

N
Schwimmbad
Berghausener Straße
Nord-Süd-Ring
Dorastraße
Arthurstraße
Gartenstraße
Gänseblümchenweg
Hahnenfußweg
Kochstraße
Sternstraße
Amselweg
Lehmannsstraße
EISDIELE
Zoo
Fischergasse
Salzstraße
Lindenstraße
Sternplatz
Neumarkter Straße
Rosengasse
Mühlenstraße
Stadtbücherei
Ottostraße
Technik-Museum
Kurzgasse
SCHULE
Ost-West-Tangente
Kleine Straße
Pfortengasse
Stadtpark
Kahnweiher
Wielandweg
Schlossstraße
Große Feldstraße
Kirchplatz
Goetheweg
Gärtnerstraße
Parkweg
Spielplatz
Im Tal
Schillerweg
Alte Straße
Bachweg
Reiter-Denkmal
Schloss Kunigunde
H

☆☆

Vom Schnellrestaurant ins Kino

Du wohnst im Kupferweg/Ecke Amalienstraße. Mit einem Freund triffst du dich im Schnellrestaurant in der Sandgasse. Ihr geht zu Fuß zum Jugendtreff, um weitere Freunde zu treffen, und fahrt abends zusammen mit der U-Bahn ins Kino. Nach dem Kino übernachtest du bei einem Freund, der im Ulmenweg wohnt. Ihr geht zu Fuß zu ihm.

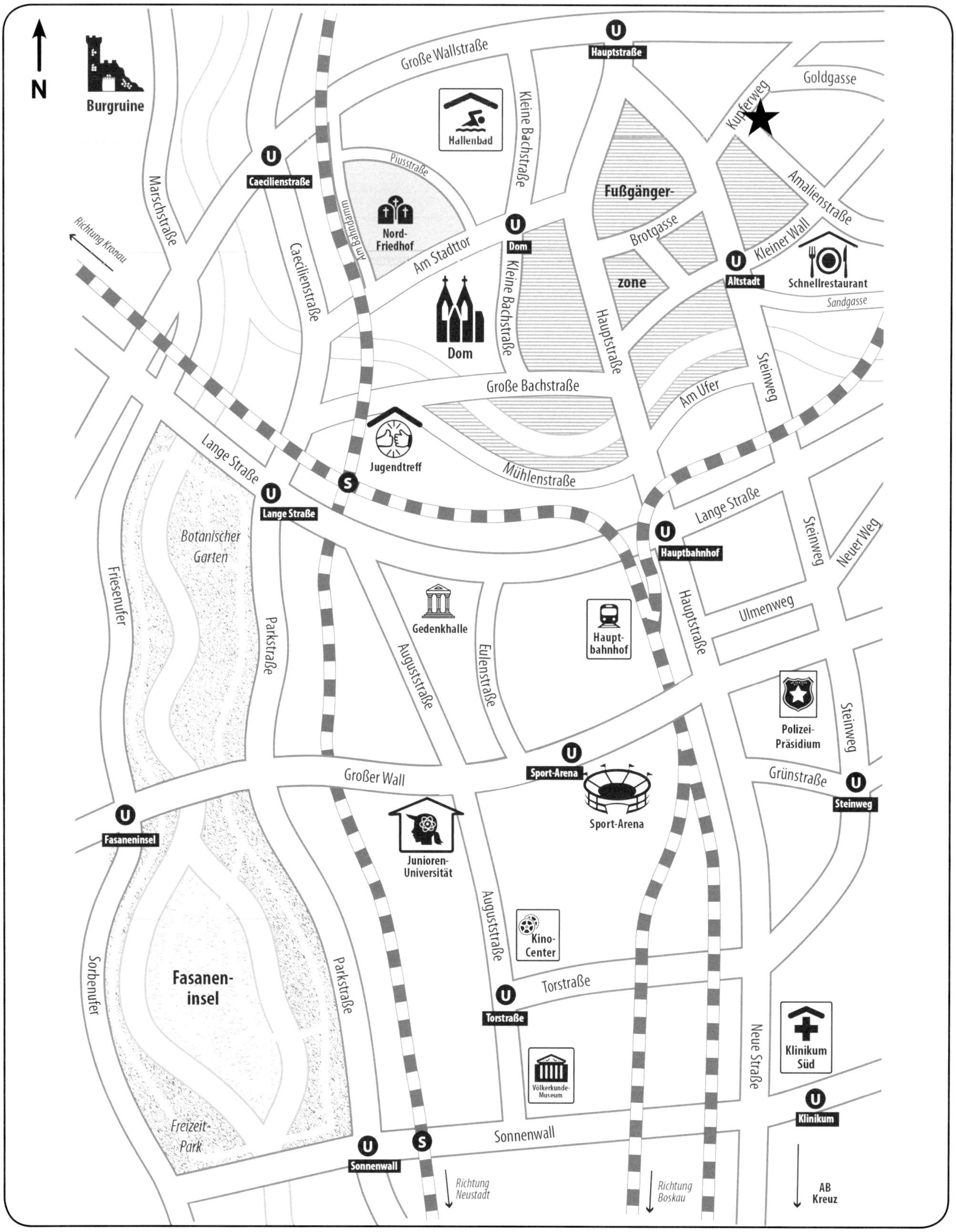

N
Burgruine
Große Wallstraße
Hauptstraße
Goldgasse
Kupferweg
Hallenbad
Kleine Bachstraße
Caecilienstraße
Piusstraße
Marschstraße
Richtung Kronau
Nord-Friedhof
Am Bahndamm
Am Stadttor
Dom
Fußgänger-zone
Brotgasse
Amalienstraße
Kleiner Wall
Altstadt
Schnellrestaurant
Sandgasse
Kleine Bachstraße
Hauptstraße
Steinweg
Große Bachstraße
Am Ufer
Jugendtreff
Mühlenstraße
Lange Straße
Botanischer Garten
Friesenufer
Lange Straße
Hauptbahnhof
Steinweg
Neuer Weg
Gedenkhalle
Haupt-bahnhof
Ulmenweg
Hauptstraße
Parkstraße
Auguststraße
Eulenstraße
Polizei-Präsidium
Steinweg
Großer Wall
Sport-Arena
Grünstraße
Steinweg
Fasaneninsel
Junioren-Universität
Kino-Center
Auguststraße
Torstraße
Sorbenufer
Fasanen-insel
Parkstraße
Neue Straße
Klinikum Süd
Völkerkunde-Museum
Klinikum
Freizeit-Park
Sonnenwall
Richtung Neustadt
Richtung Boskau
AB Kreuz

Von der Fußgängerzone bis zum Klinikum Süd

Du triffst dich mit zwei Freunden in der Fußgängerzone an der Brotgasse, wo du auch wohnst. Ihr kauft an der Großen Bachstraße ein Geschenk für einen Freund, der im Klinikum Süd liegt. Dorthin fahrt ihr zusammen mit der U-Bahn. Zurück nimmst du die U-Bahn bis zum Hauptbahnhof und läufst das restliche Stück nach Hause.

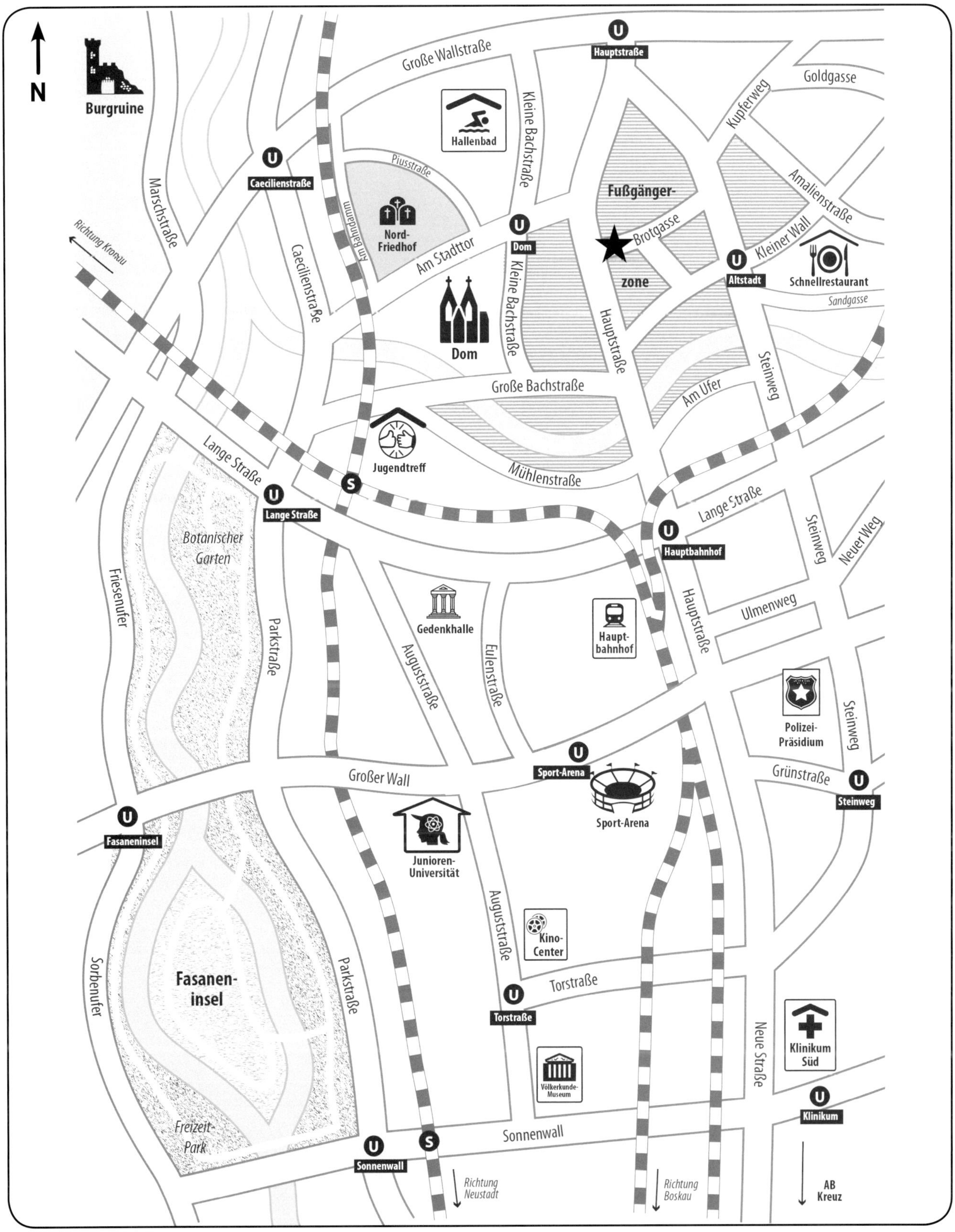

☆☆

Vom Völkerkunde-Museum zum Botanischen Garten

Du machst mit deiner Klasse eine Besichtigungstour. Ihr besucht zuerst das Völkerkunde-Museum am Sonnenwall, anschließend die Junioren-Universität, danach die Gedenkhalle an der Lange Straße und schließlich den Botanischen Garten. Euer Ausgangspunkt ist die U-Bahn-Station am Hauptbahnhof. Ihr unternehmt die Besichtigungstour zu Fuß.

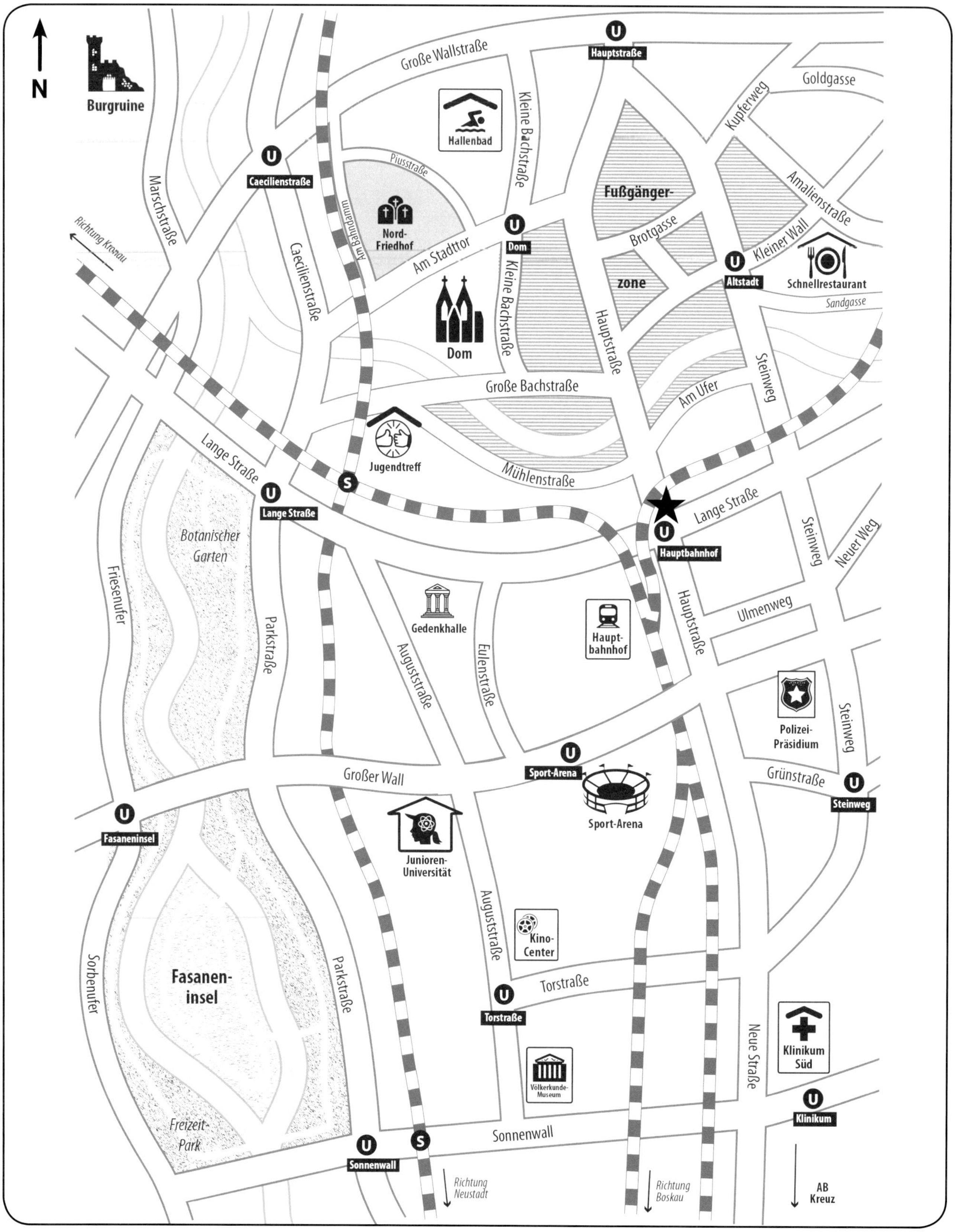

N
Burgruine
Große Wallstraße
Hauptstraße
Goldgasse
Hallenbad
Kleine Bachstraße
Kupferweg
Piusstraße
Caecilienstraße
Marschstraße
Richtung Kronau
Am Bahndamm
Nord-Friedhof
Am Stadttor
Dom
Fußgänger-zone
Brotgasse
Amalienstraße
Kleiner Wall
Altstadt
Schnellrestaurant
Sandgasse
Hauptstraße
Steinweg
Große Bachstraße
Am Ufer
Jugendtreff
Mühlenstraße
Lange Straße
Botanischer Garten
Hauptbahnhof
Neuer Weg
Friesenufer
Parkstraße
Gedenkhalle
Augustastraße
Eulenstraße
Haupt-bahnhof
Ulmenweg
Polizei-Präsidium
Großer Wall
Sport-Arena
Grünstraße
Fasaneninsel
Junioren-Universität
Kino-Center
Torstraße
Sorbenufer
Fasanen-insel
Neue Straße
Klinikum Süd
Völkerkunde-Museum
Klinikum
Freizeit-Park
Sonnenwall
Richtung Neustadt
Richtung Boskau
AB Kreuz

Vom Jugendtreff bis zum Freizeitpark

Am Jugendtreff in der Mühlenstraße triffst du dich mit Freunden. Ihr fahrt mit Fahrrädern am Mühlengraben und Großen Graben entlang zum Freizeitpark. Zurück geht es durch die Stadt bis zum Schnellrestaurant in der Sandgasse. Einen Freund setzt ihr vorher am Hauptbahnhof ab.

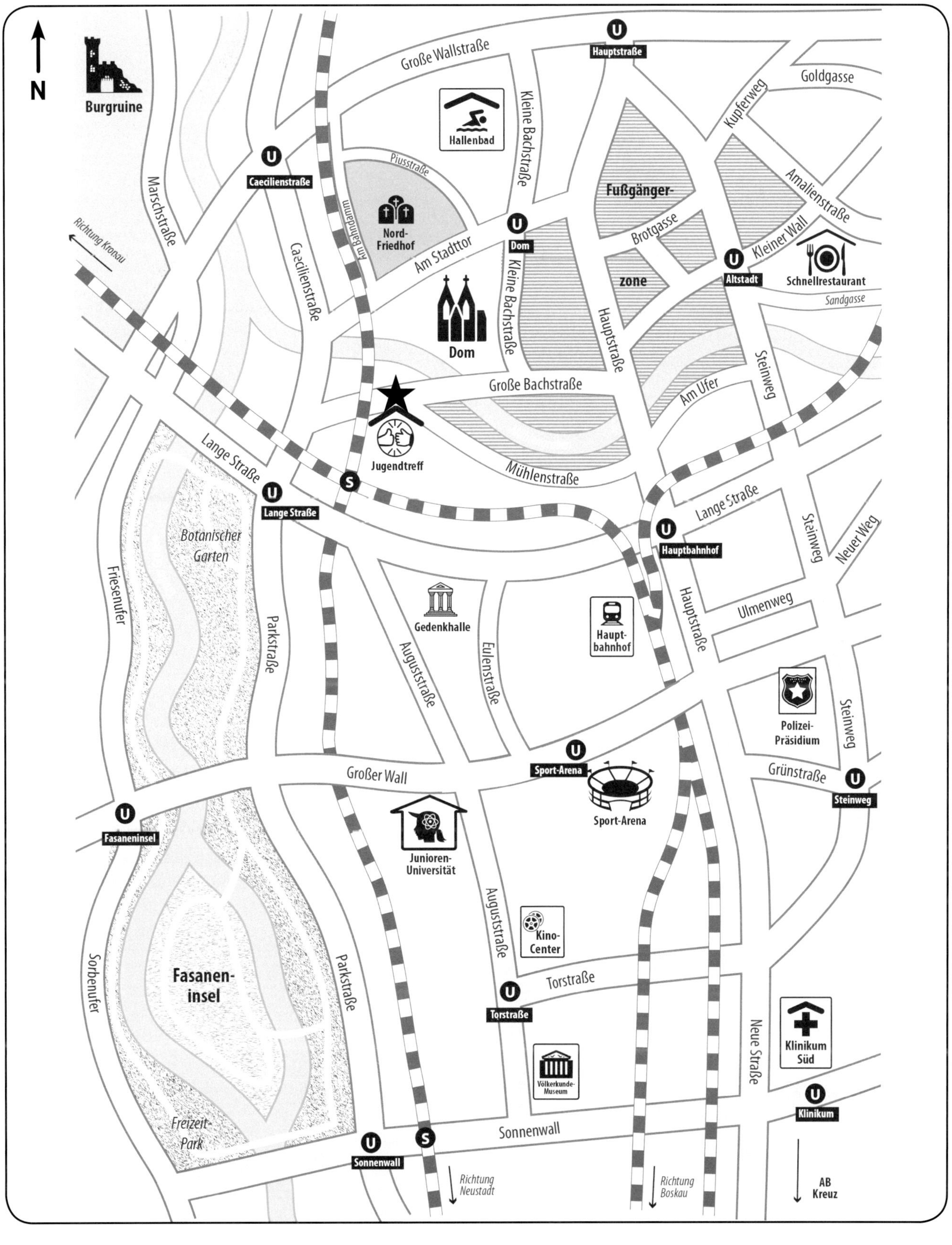

N
Burgruine
Große Wallstraße
Hauptstraße
Goldgasse
Kupferweg
Hallenbad
Kleine Bachstraße
Piusstraße
Caecilienstraße
Marschstraße
Richtung Kronau
Am Bahndamm
Nord-Friedhof
Am Stadttor
Dom
Fußgänger-zone
Brotgasse
Amalienstraße
Kleiner Wall
Altstadt
Schnellrestaurant
Sandgasse
Steinweg
Am Ufer
Große Bachstraße
Jugendtreff
Mühlenstraße
Lange Straße
Hauptbahnhof
Neuer Weg
Botanischer Garten
Friesenufer
Parkstraße
Gedenkhalle
Augustastraße
Eulenstraße
Haupt-bahnhof
Ulmenweg
Polizei-Präsidium
Großer Wall
Sport-Arena
Grünstraße
Fasaneninsel
Junioren-Universität
Kino-Center
Torstraße
Fasanen-insel
Sorbenufer
Völkerkunde-Museum
Neue Straße
Klinikum Süd
Klinikum
Sonnenwall
Freizeit-Park
Richtung Neustadt
Richtung Boskau
AB Kreuz

☆

Buchseite „Bremer Stadtmusikanten“

22

Manga-Illustration

☆

Kalenderblatt

Buchcover „Tore der Nacht"

☆☆

Plakat „Cybermobbing ist kein Spaß!“

Graffito

☆☆

Filmplakat „Gullivers Reisen“

Plakat „Innovationsmesse“

Der Wasserkreislauf

Bäume regulieren den Kreislauf des Wassers

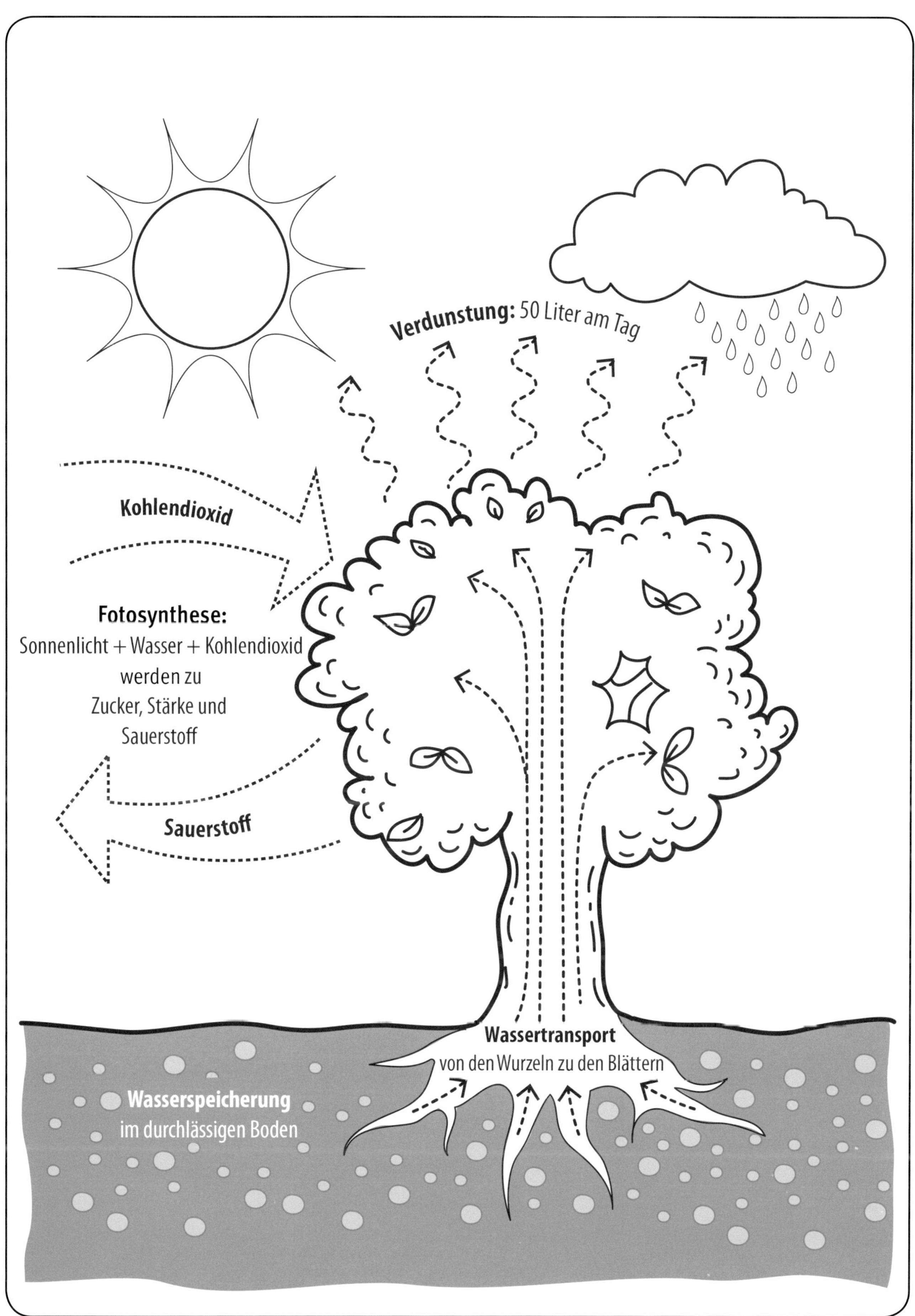

☆

Die Suchtspirale

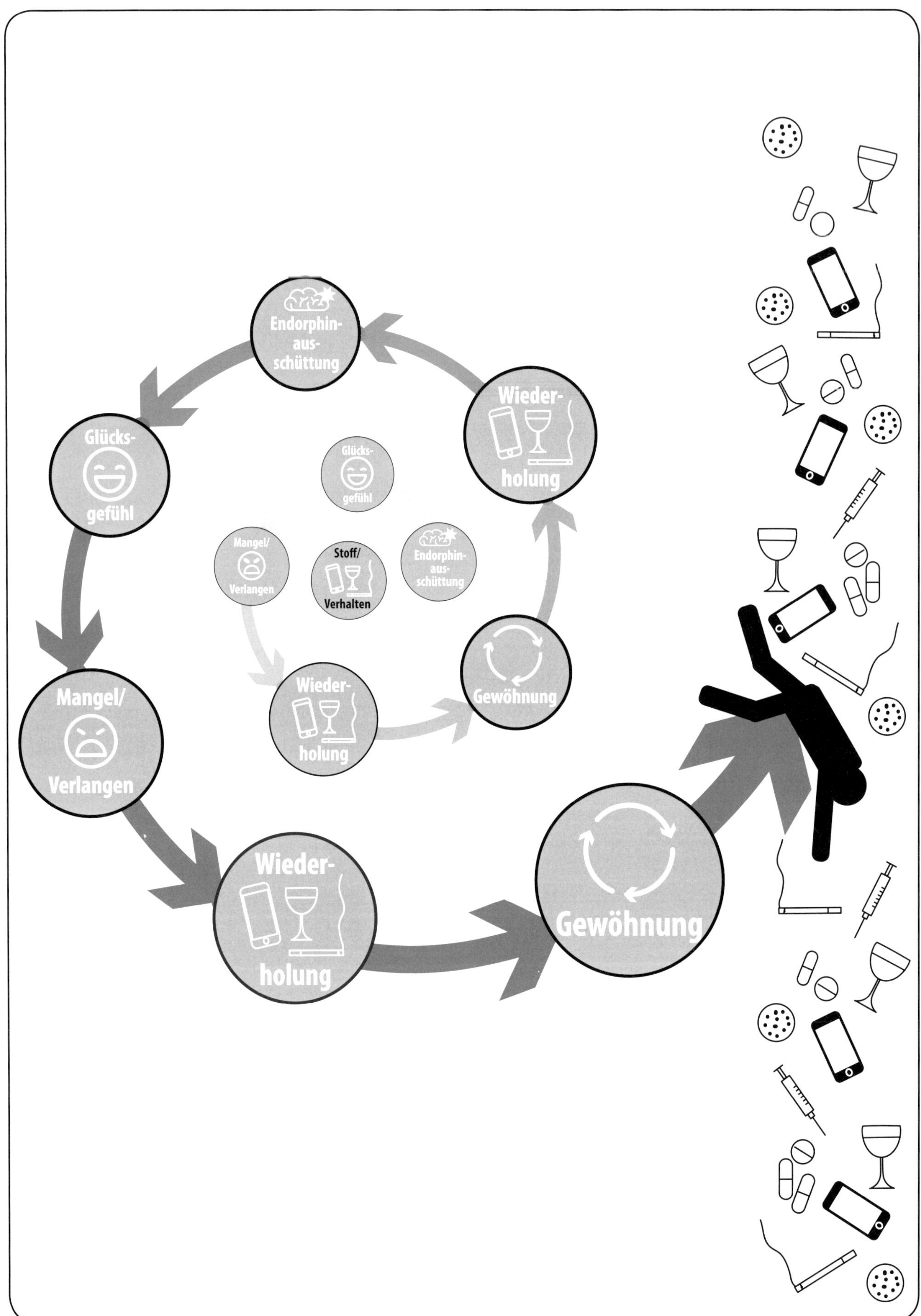

Hände richtig waschen

So wäschst du die Hände richtig!

Auf den Händen sitzen zahlreiche Viren und Bakterien.
So wirst du sie los:

❶ Hände richtig nass machen
❷ Eine ausreichende Portion Flüssigseife aufnehmen – Flüssigseife ist hygienischer als ein Seifenstück
❸ Seife in den Handflächen verteilen, Handrucken ebenfalls einseifen
❹+❺ Hände verschränken und die Fingerzwischenräume einseifen
❻ Finger ineinander haken und gegeneinander reiben
❼ Die Daumen nicht vergessen und separat einseifen
❽ Fingerkuppen gegen die Handfläche der jeweils anderen Hand reiben
❾ Seifenschaum gut abspülen, dazu die Hände von allen Seiten unter das laufende Wasser halten
❿ Hände gründlich mit einem sauberen und trockenen Handtuch abtrocknen
⓫ Mit dem Handtuch die Armatur für den Nächsten abreiben und das Handtuch in die Wäsche geben

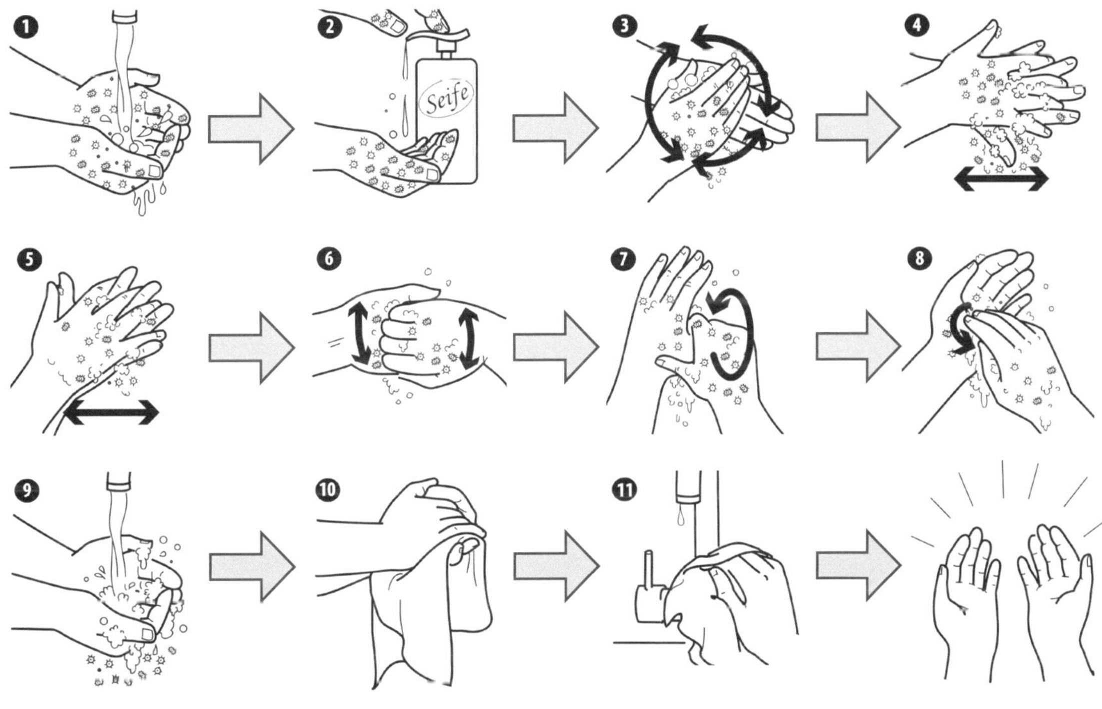

Hände waschen nicht vergessen!

+ vor dem Essen
+ nach dem Toilettenbesuch
+ wenn man von draußen reinkommt
+ wenn man sich die Nase geputzt hat
+ wenn man ein Tier angefasst hat

☆☆

Das Sender-Empfänger-Modell

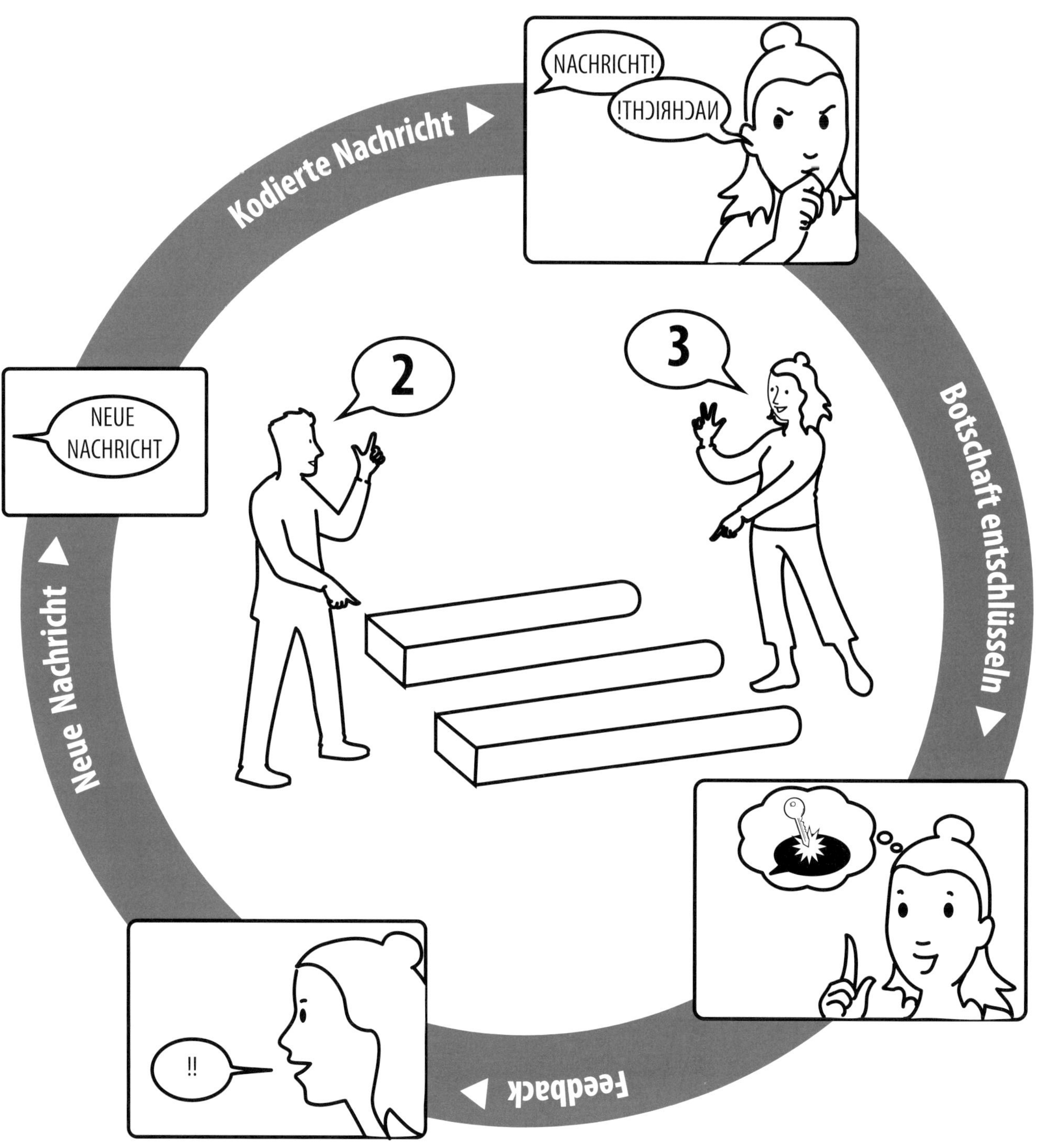

Folgen der Zerstörung des Regenwaldes

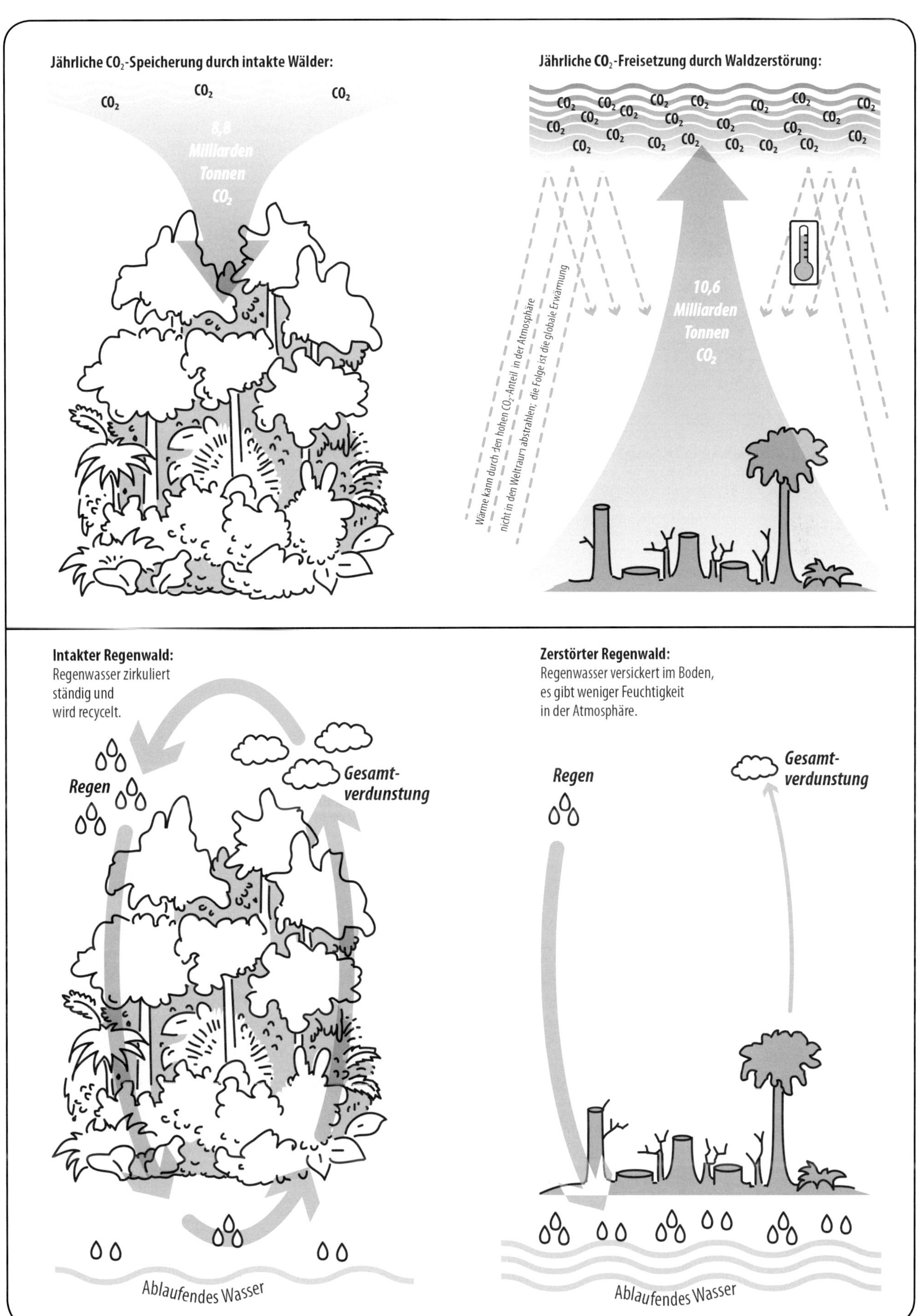

☆☆

Weltweite Textilproduktion

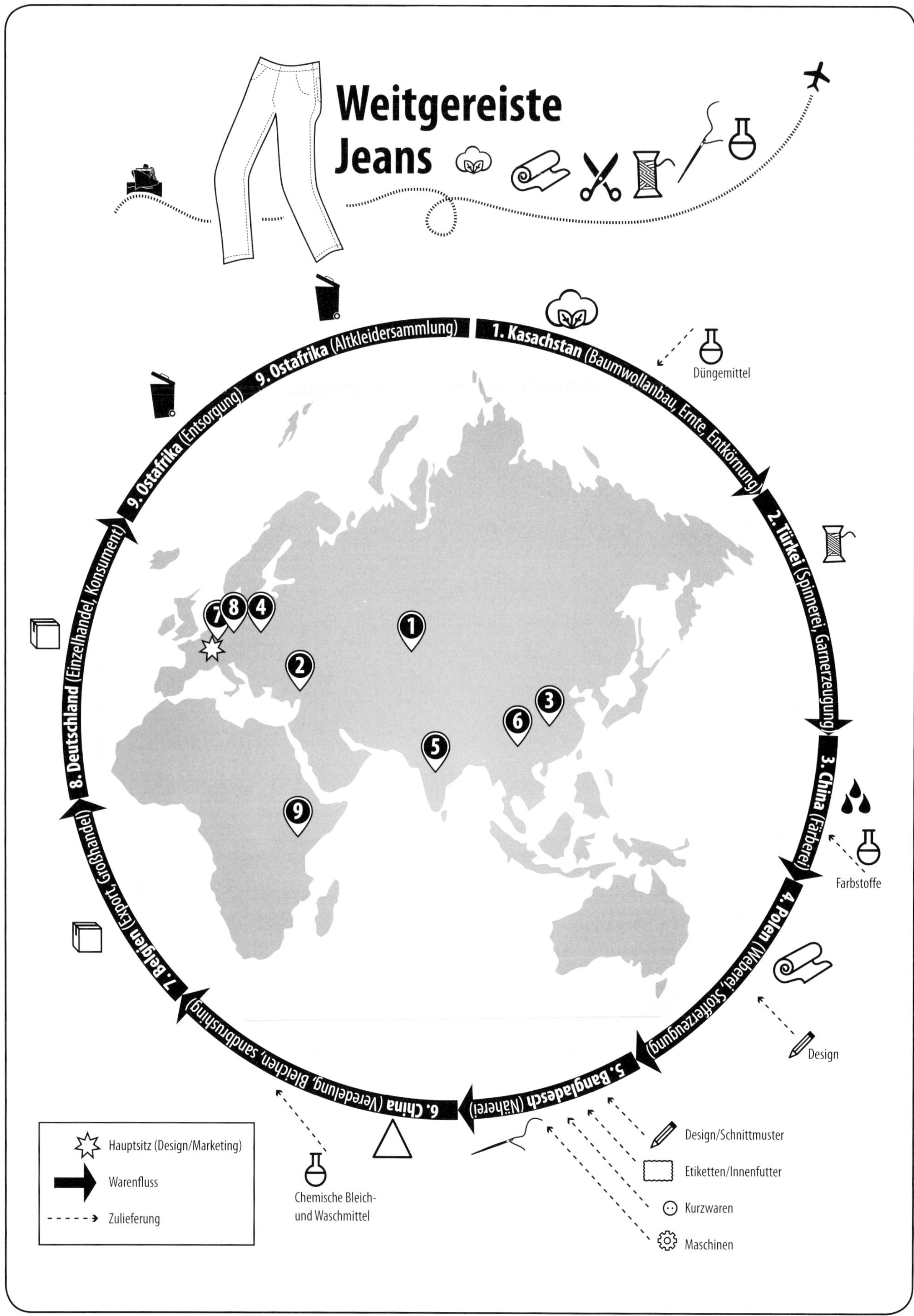

Warum Bienen so wichtig sind

☆

Computer, Tablet oder Laptop?

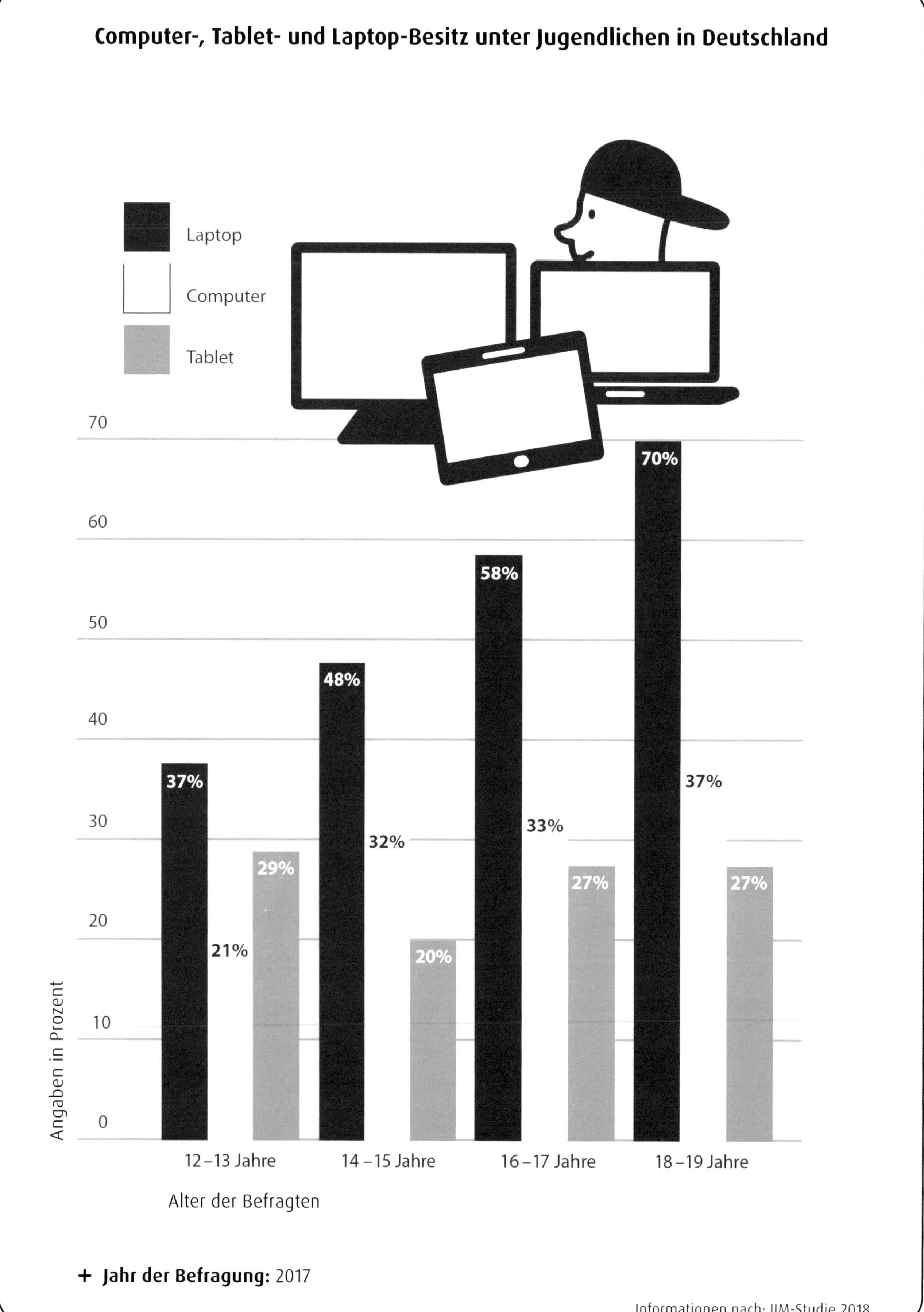

+ Jahr der Befragung: 2017

Informationen nach: JIM-Studie 2018

Die Mindesthaltbarkeit

Wie lange halten Lebensmittel nach Ablauf des Mindesthaltbarkeitsdatums?

Konserven, Fertigsoßen, Honig

Instant

Reis, Nudeln, Kaffee

Reis

Nudeln

KAFFEE

Eier, Hartkäse, Butter

Butter

Salami, Schinken, Joghurt

Milch, Brot

1 Jahr

21 Tage

5 Tage

2 Tage

Zeit, die Lebensmittel **nach Ablauf des Mindesthaltbarkeitsdatums** als genießbar gelten

Informationen nach: Tafel Deutschland

☆

Was bewirkt Schulstress?

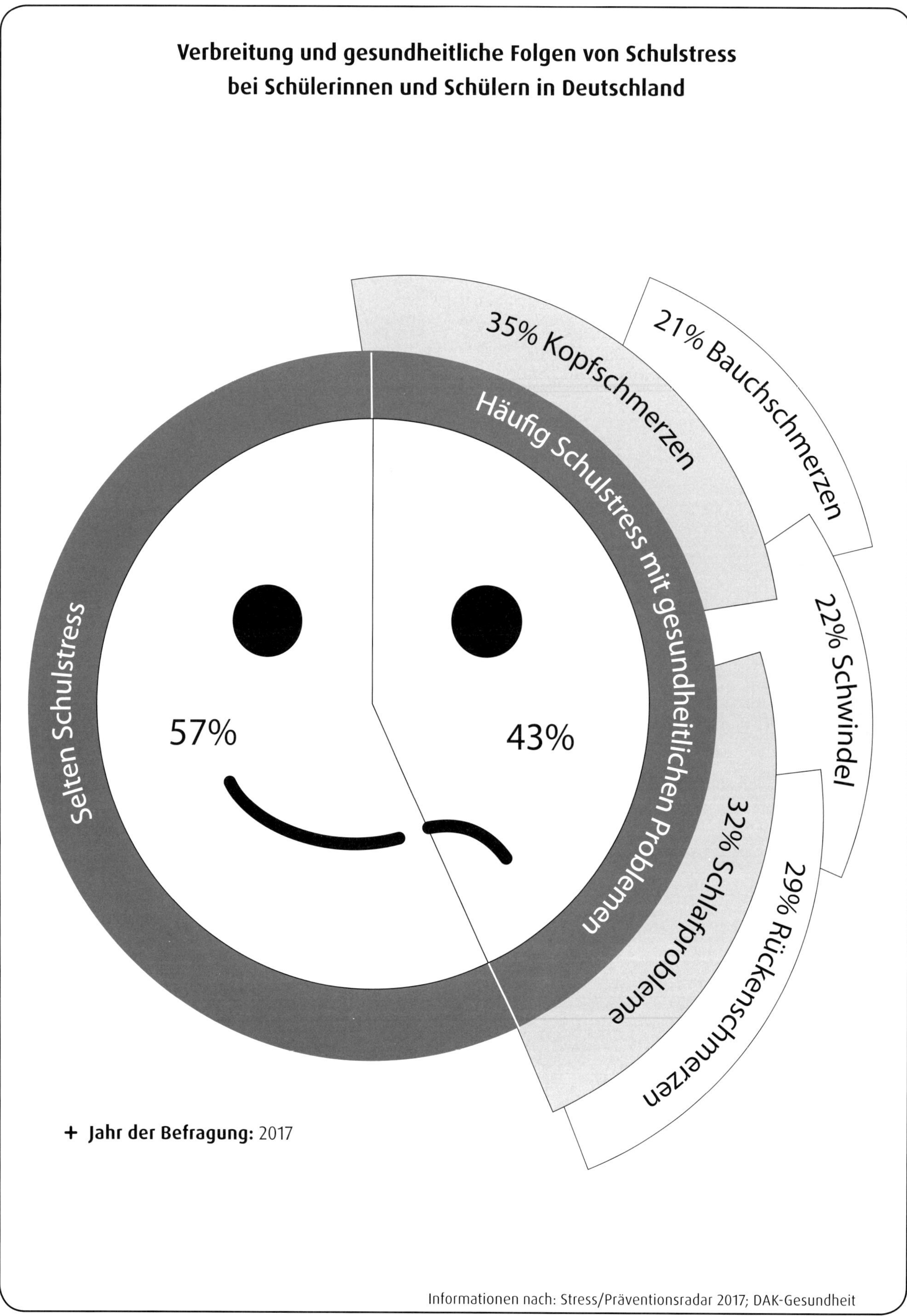

Weißt du noch? Damals?

Informationen nach: Bitkom, 2019

☆☆

Lebensmittelverschwendung

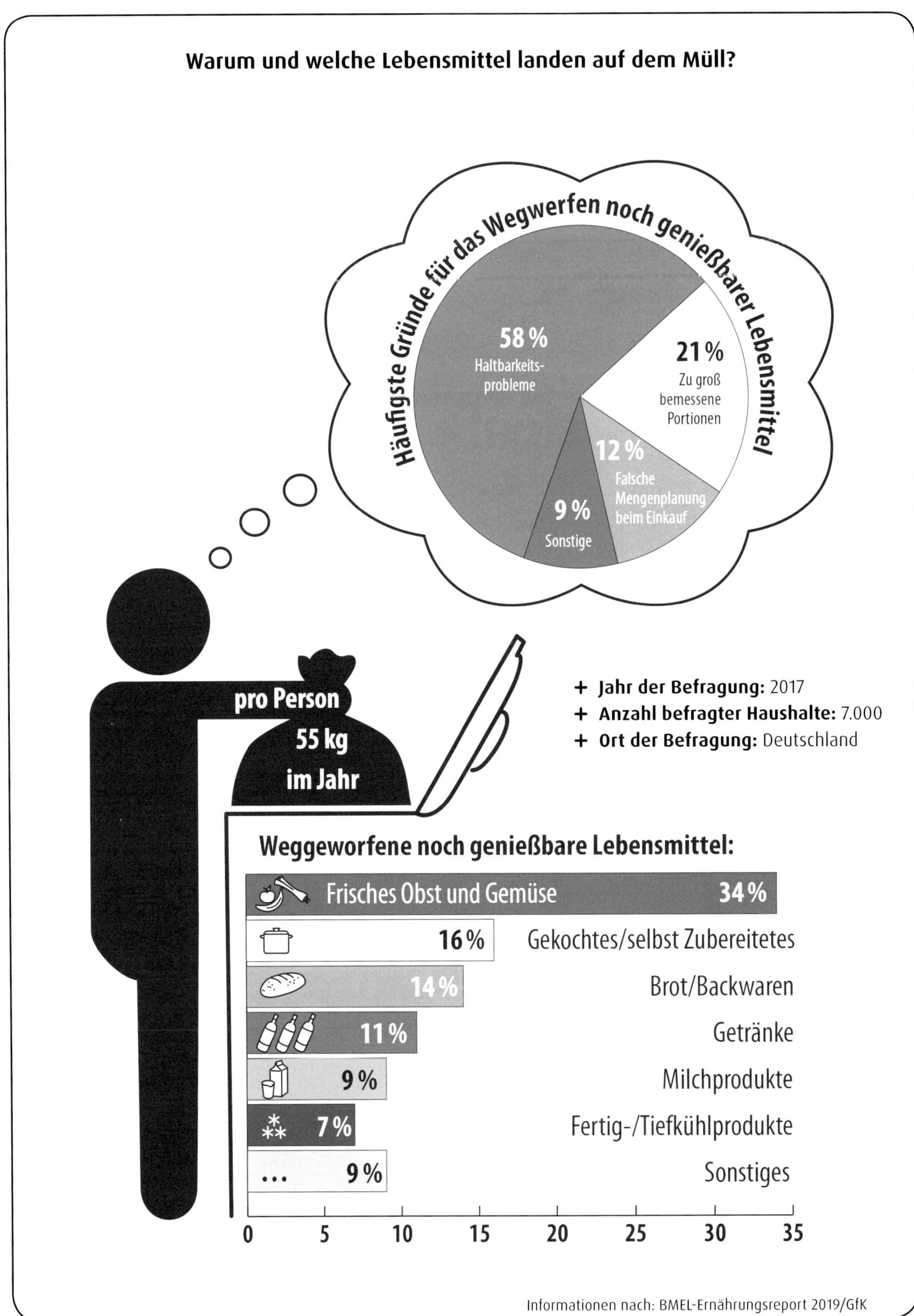

Internet, Fernsehen oder Bücher?

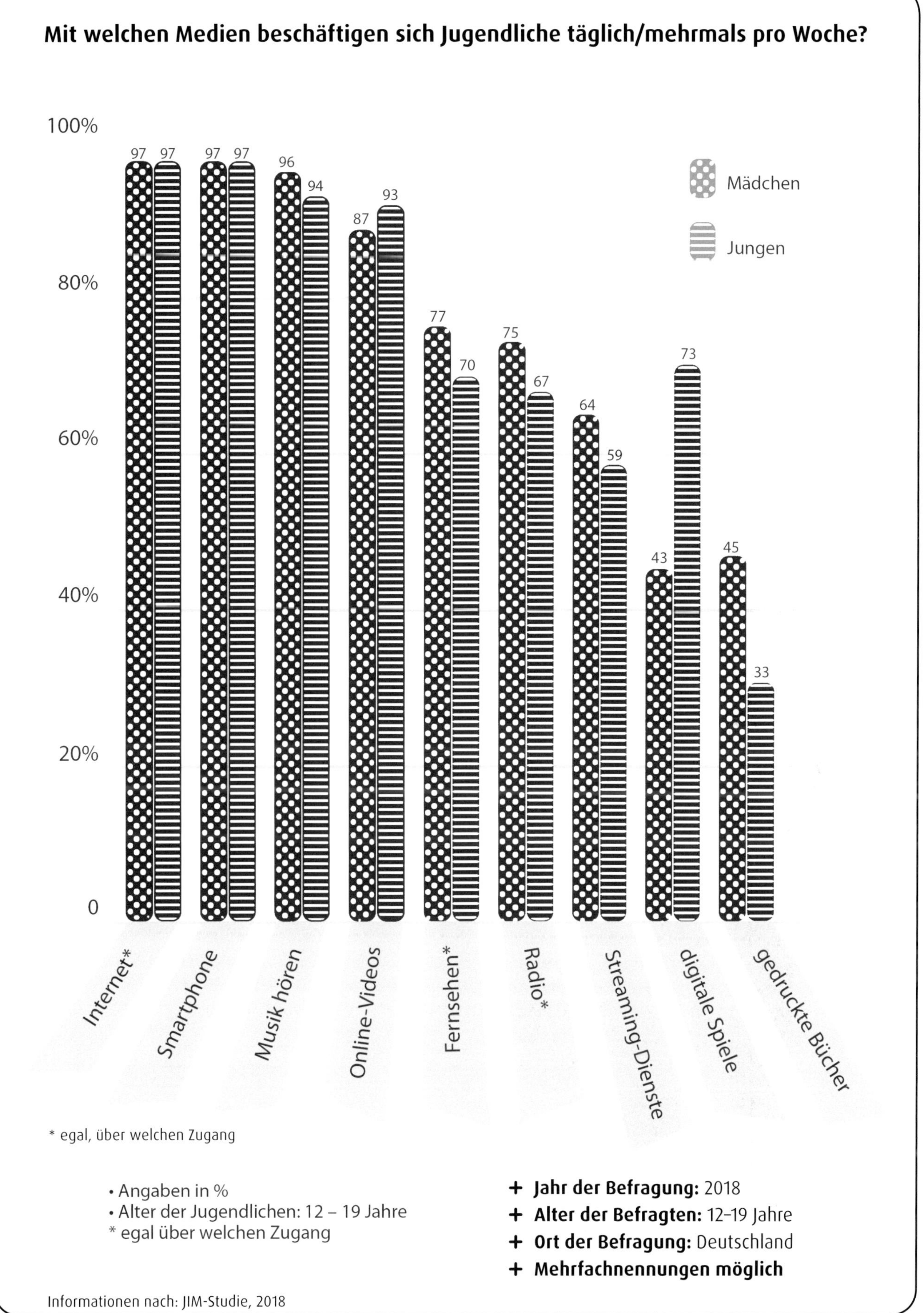

☆☆

Lieblingsfernsehformate von Jugendlichen

Welche Sendungen sehen sich Jungen und Mädchen am liebsten im TV an?

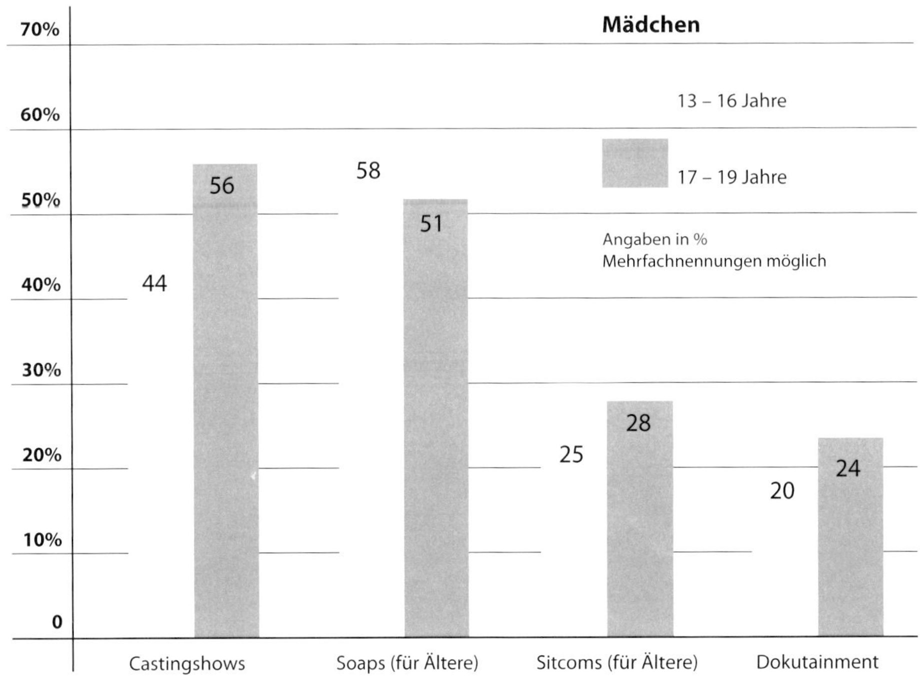

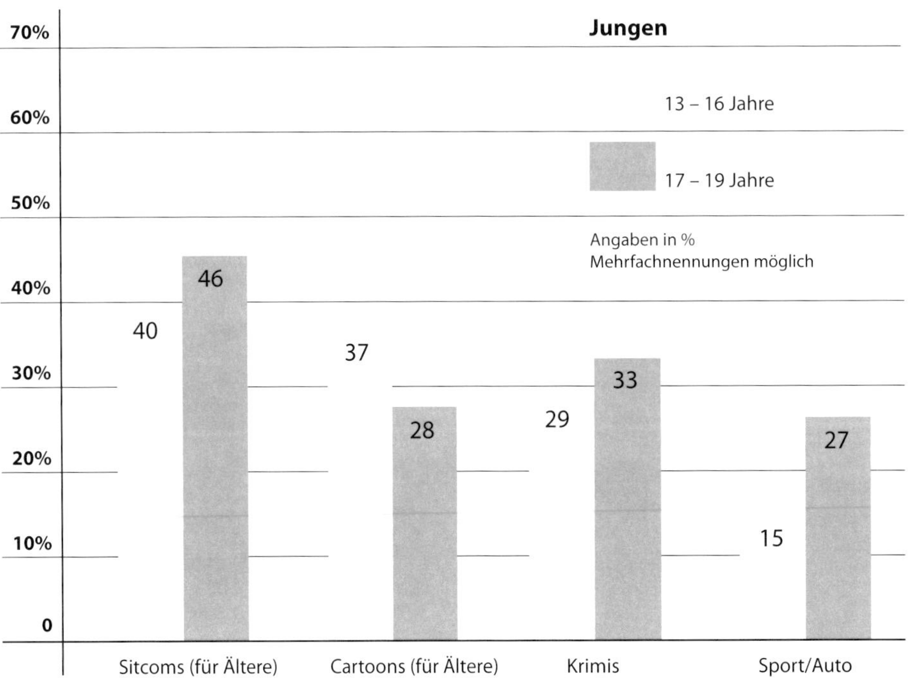

+ **Jahr der Befragung:** 2018
+ **Alter der Befragten:** 13–19 Jahre
+ **Ort der Befragung:** Deutschland
+ **Mehrfachnennungen möglich**

Informationen nach: iconkids & youth international research, Trend Tracking Kids, 2018

Wirkung von sozialen Medien auf Jugendliche

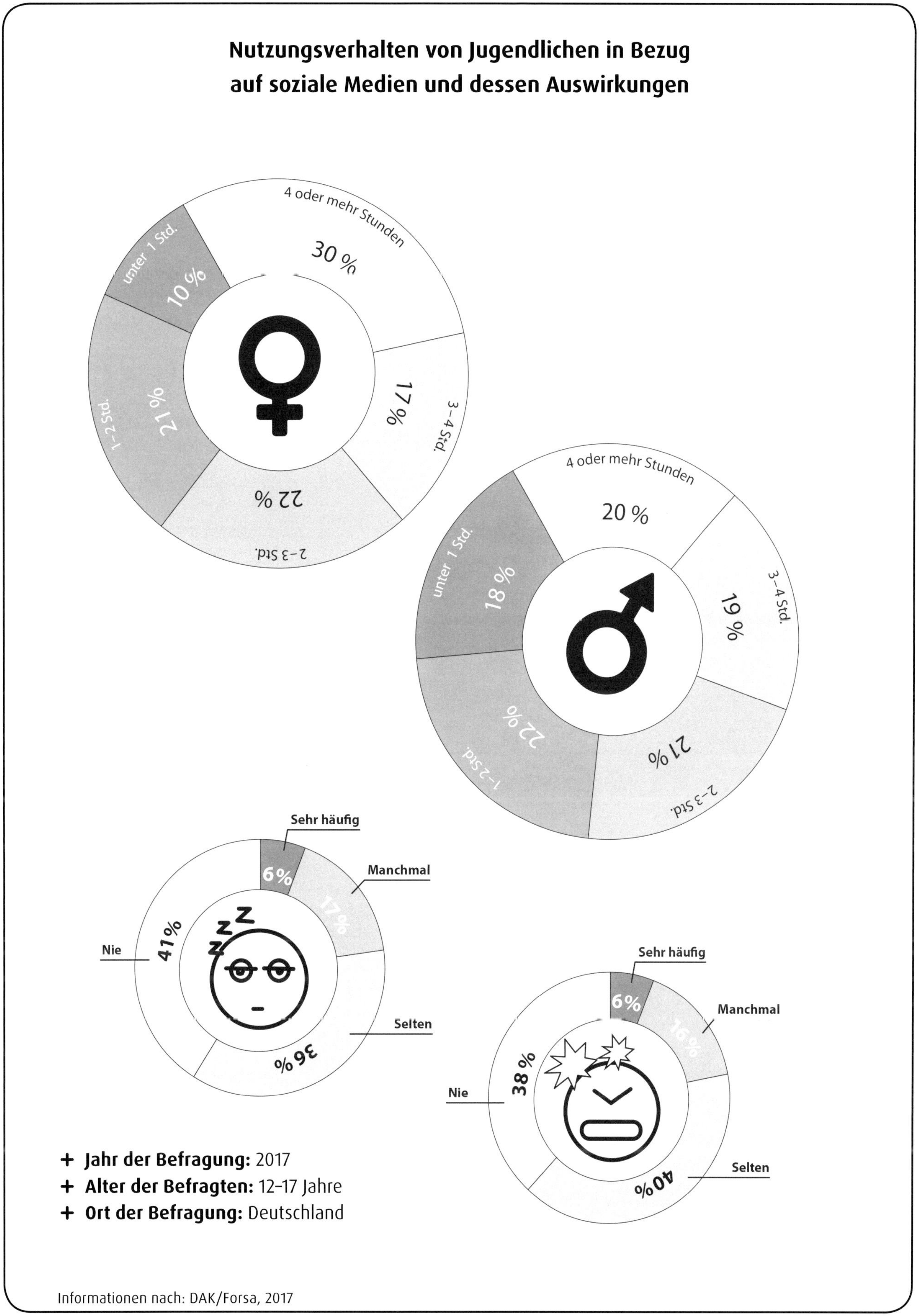

+ **Jahr der Befragung:** 2017
+ **Alter der Befragten:** 12–17 Jahre
+ **Ort der Befragung:** Deutschland

Informationen nach: DAK/Forsa, 2017

☆

Toast Hawaii

Smoothie

☆

Espresso

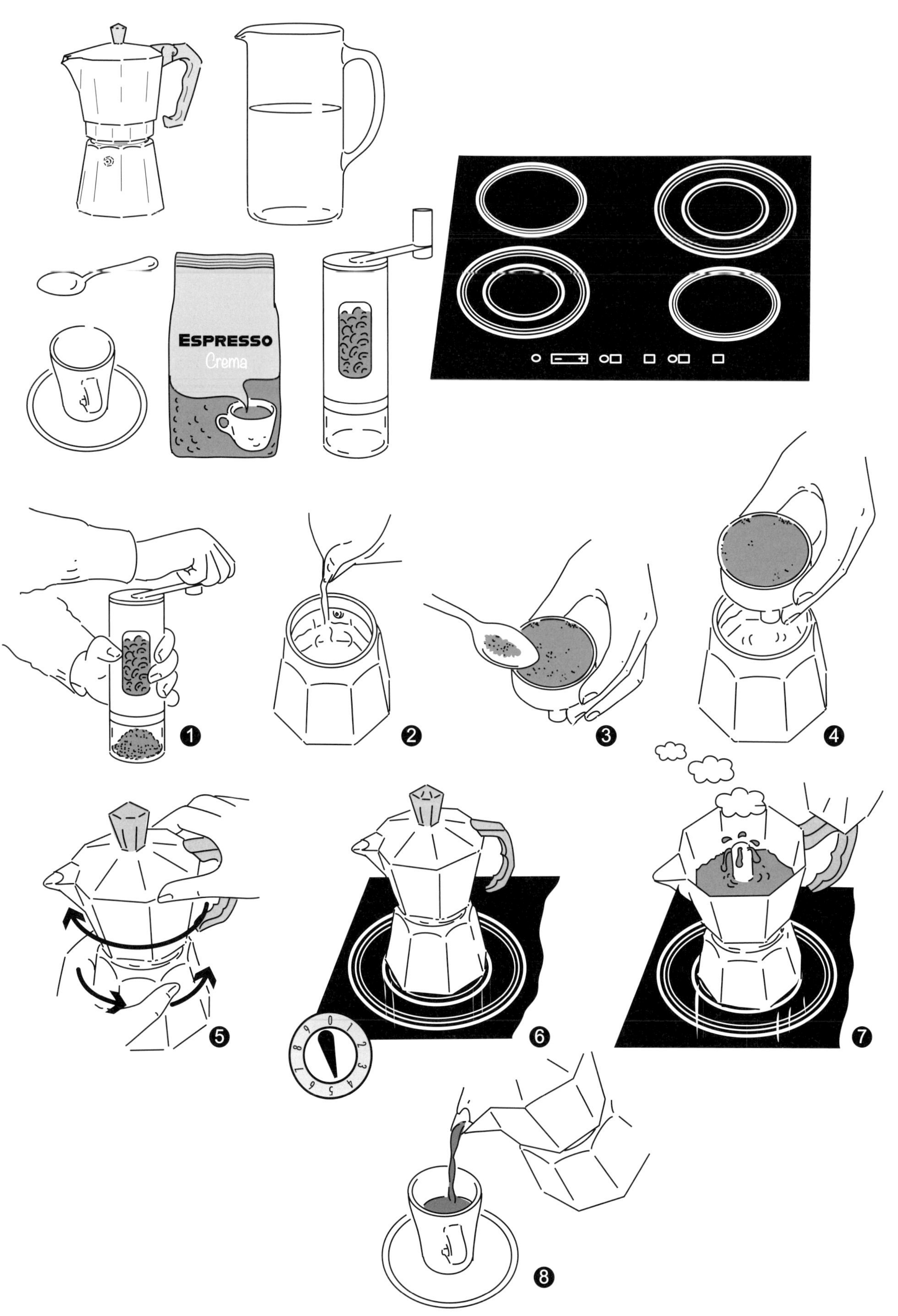

Müsli

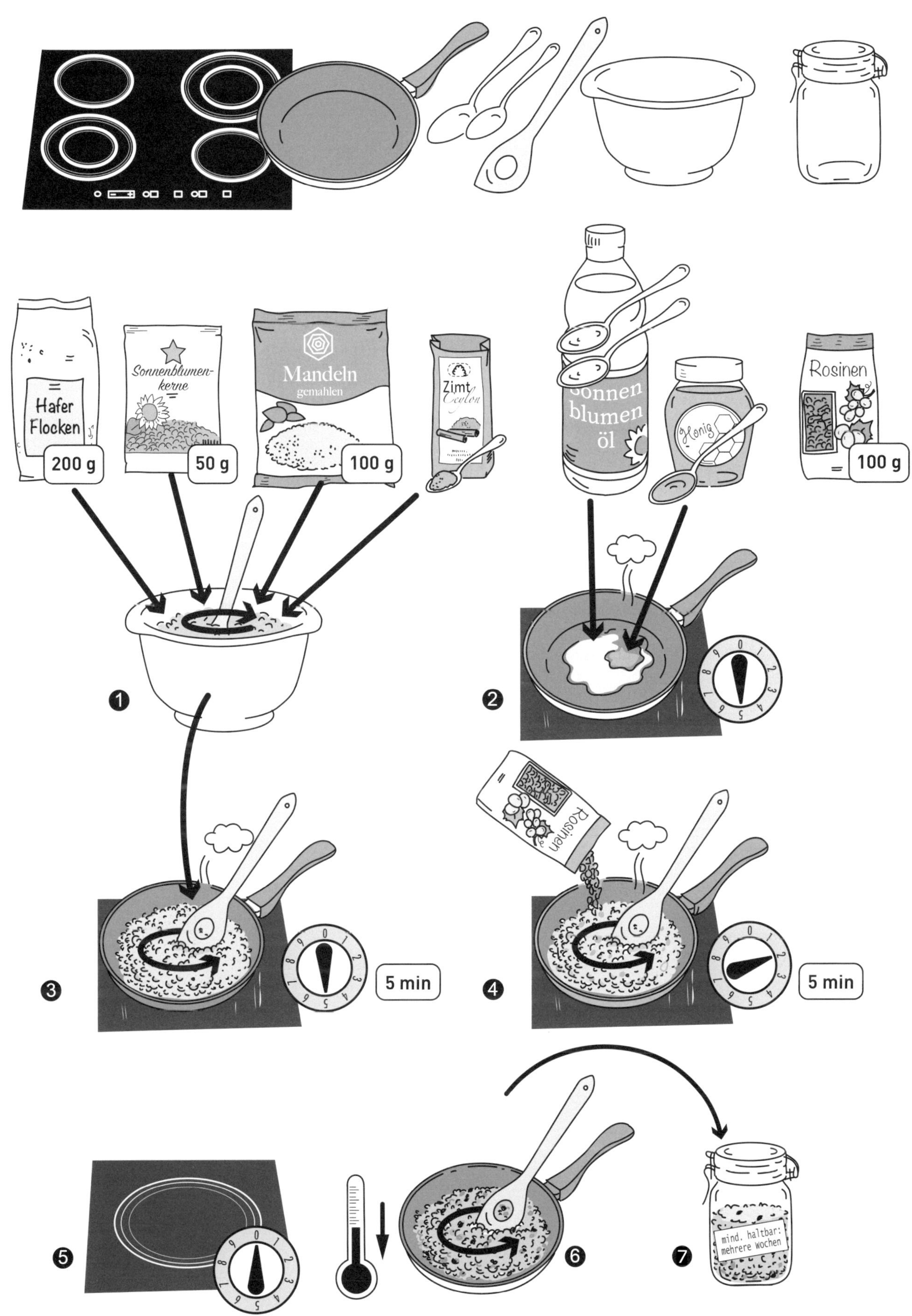
Sonnenblumen-
kerne
Hafer
Flocken
200 g
50 g
Mandeln
gemahlen
100 g
Zimt
Ceylon
Sonnen
blumen
öl
Honig
Rosinen
100 g
1
2
3
5 min
4
5 min
5
6
7
mind. haltbar:
mehrere Wochen

☆☆

Kartoffel-Gratin

Apfelpfannkuchen

☆☆

Erdbeermarmelade

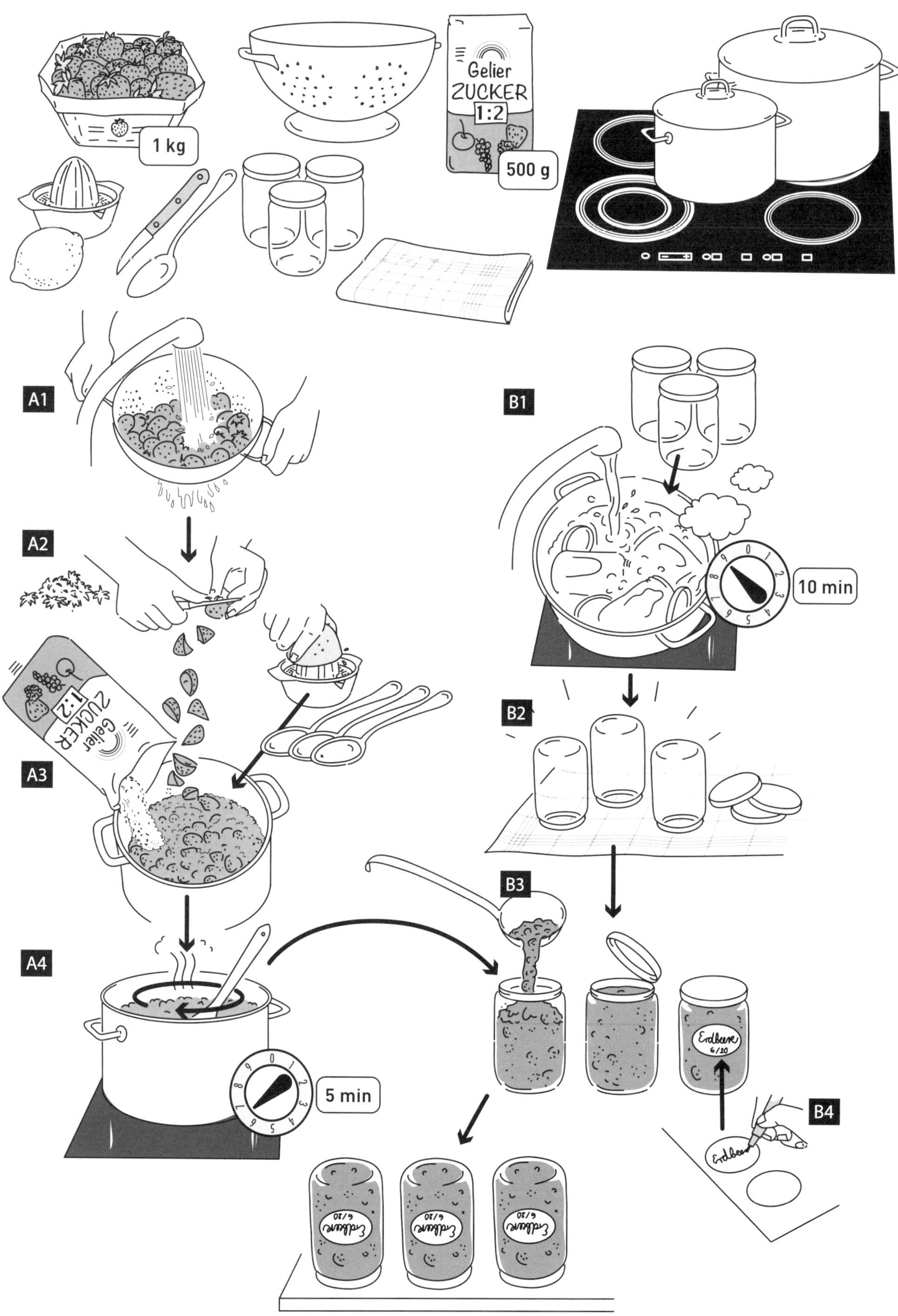

Schinken-Käse-Brötchen

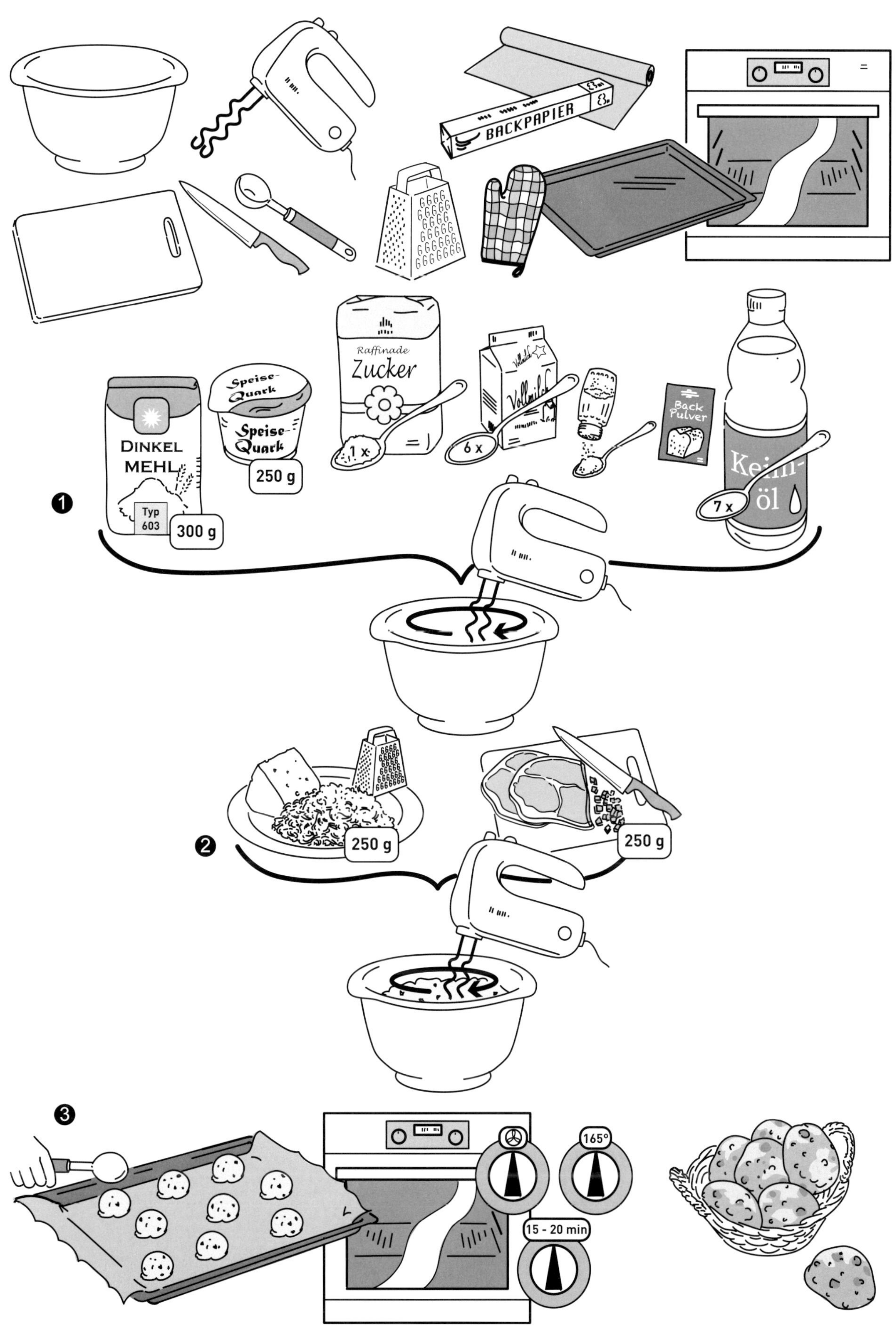

„Himmel und Hölle" falten

❶

❷
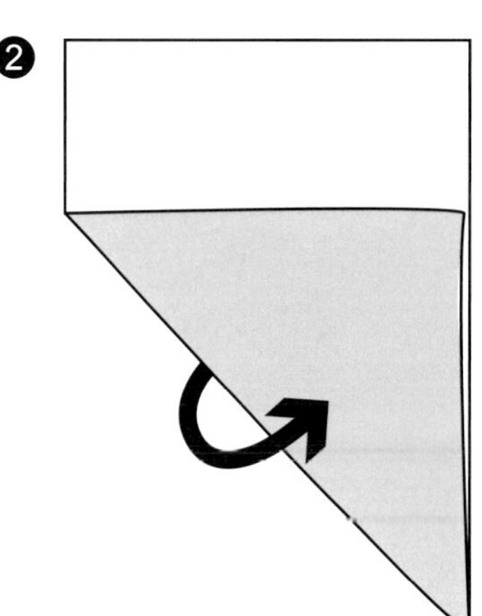

❸
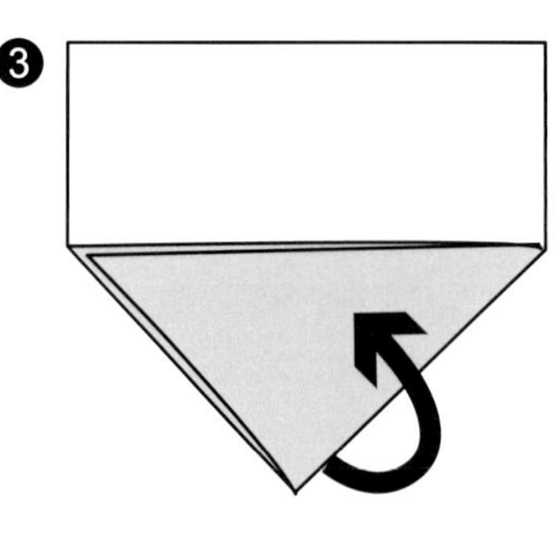

❹
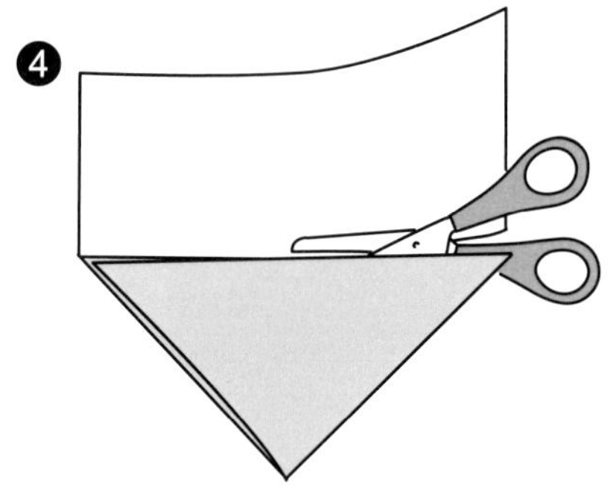

❺
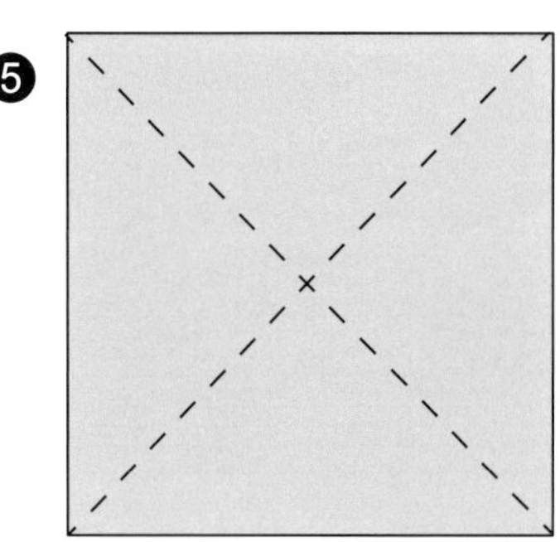

❻
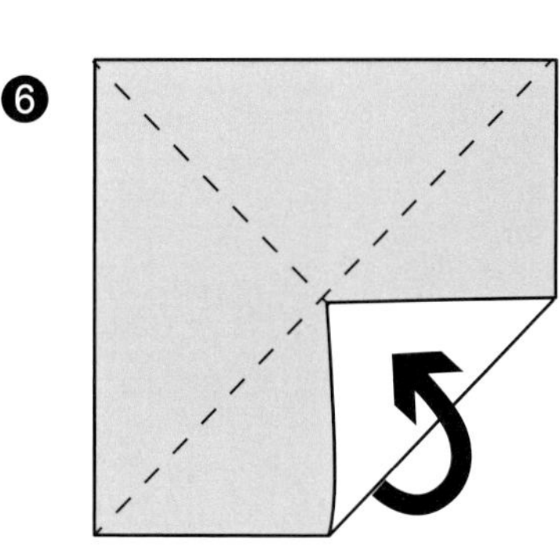

❼
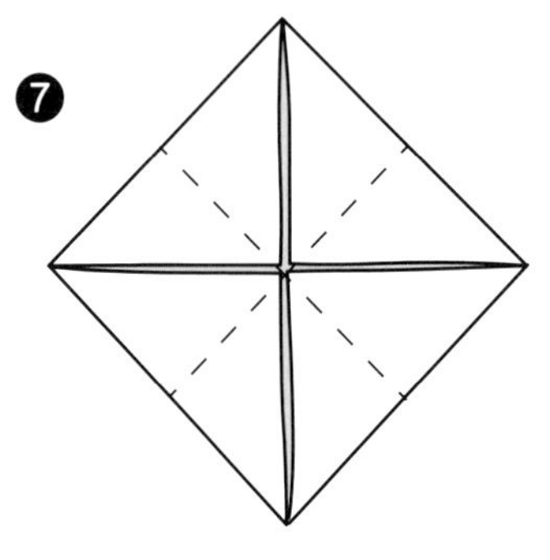

❽
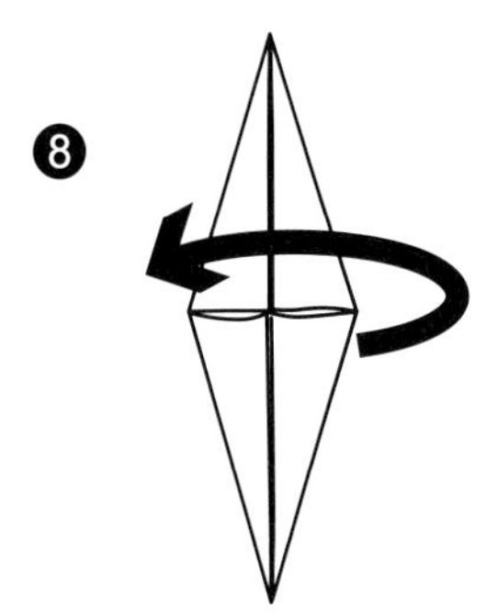

❾
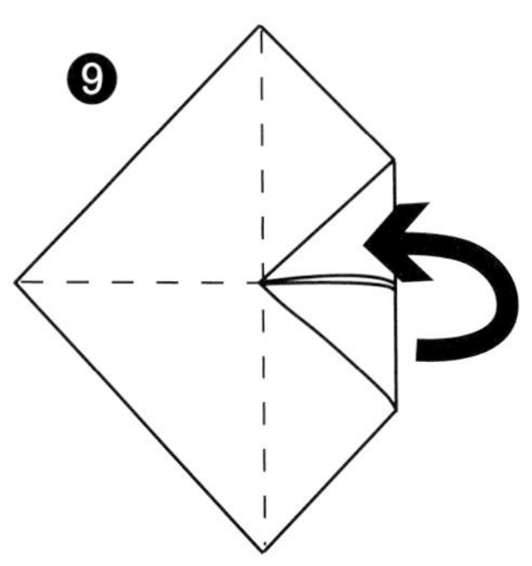

❿
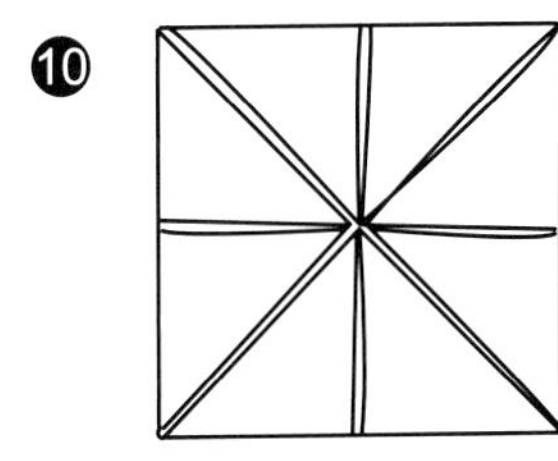

⓫
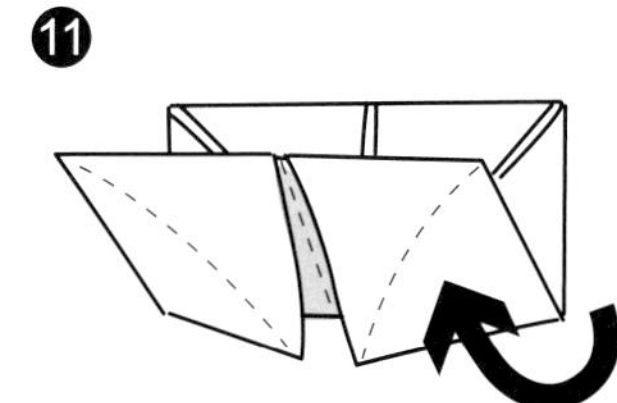

⓬
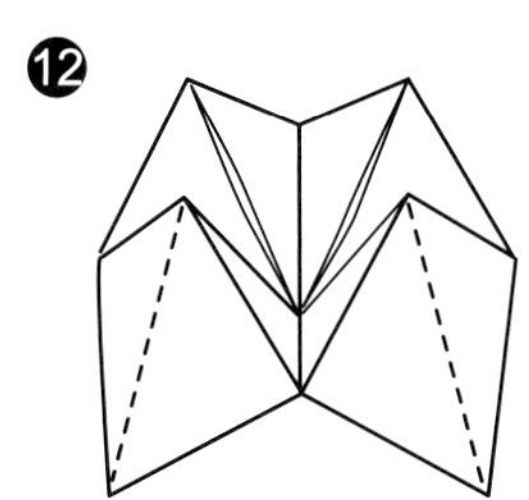

Schutzumschlag für ein Buch erstellen

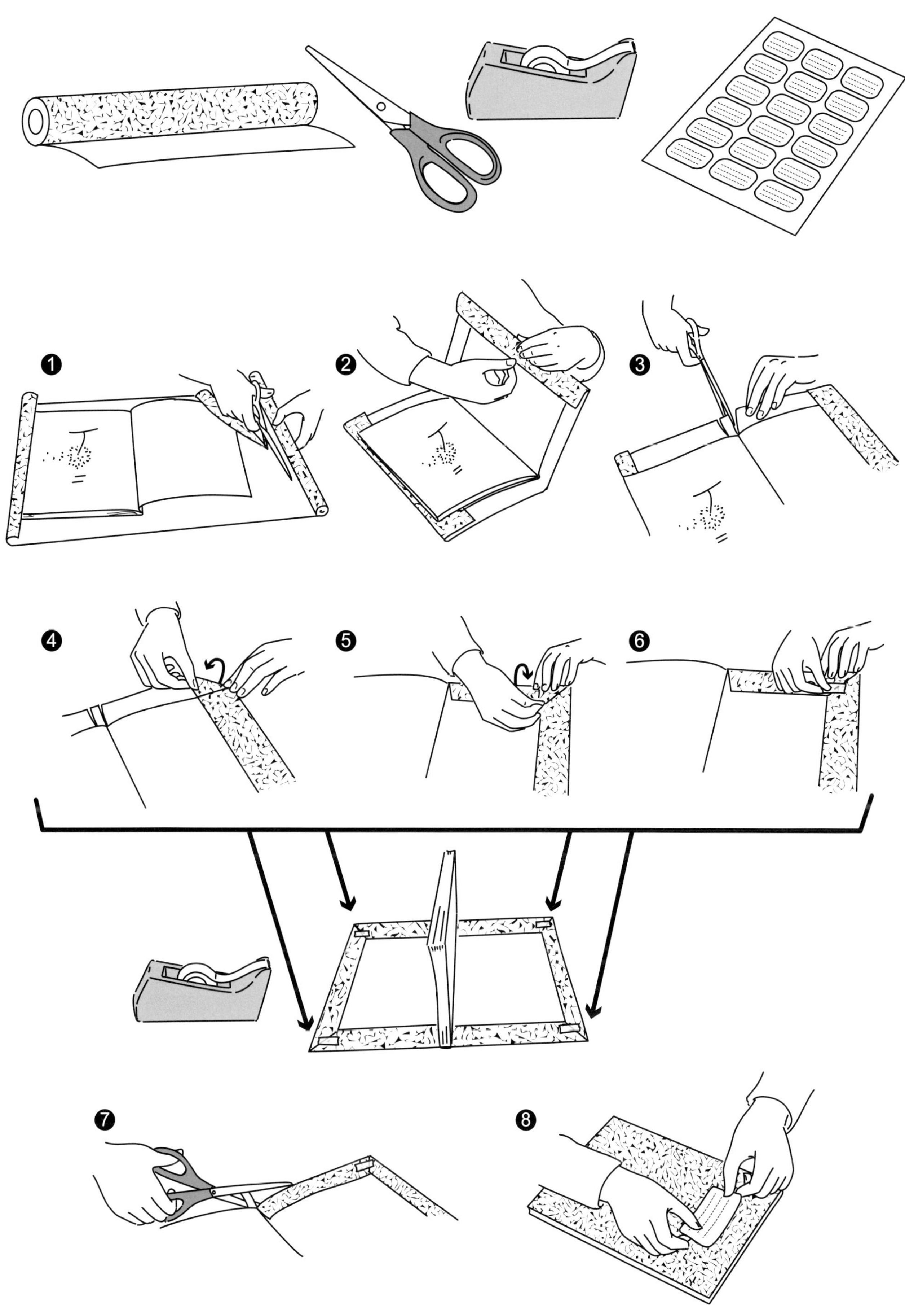

☆

Knopf annähen

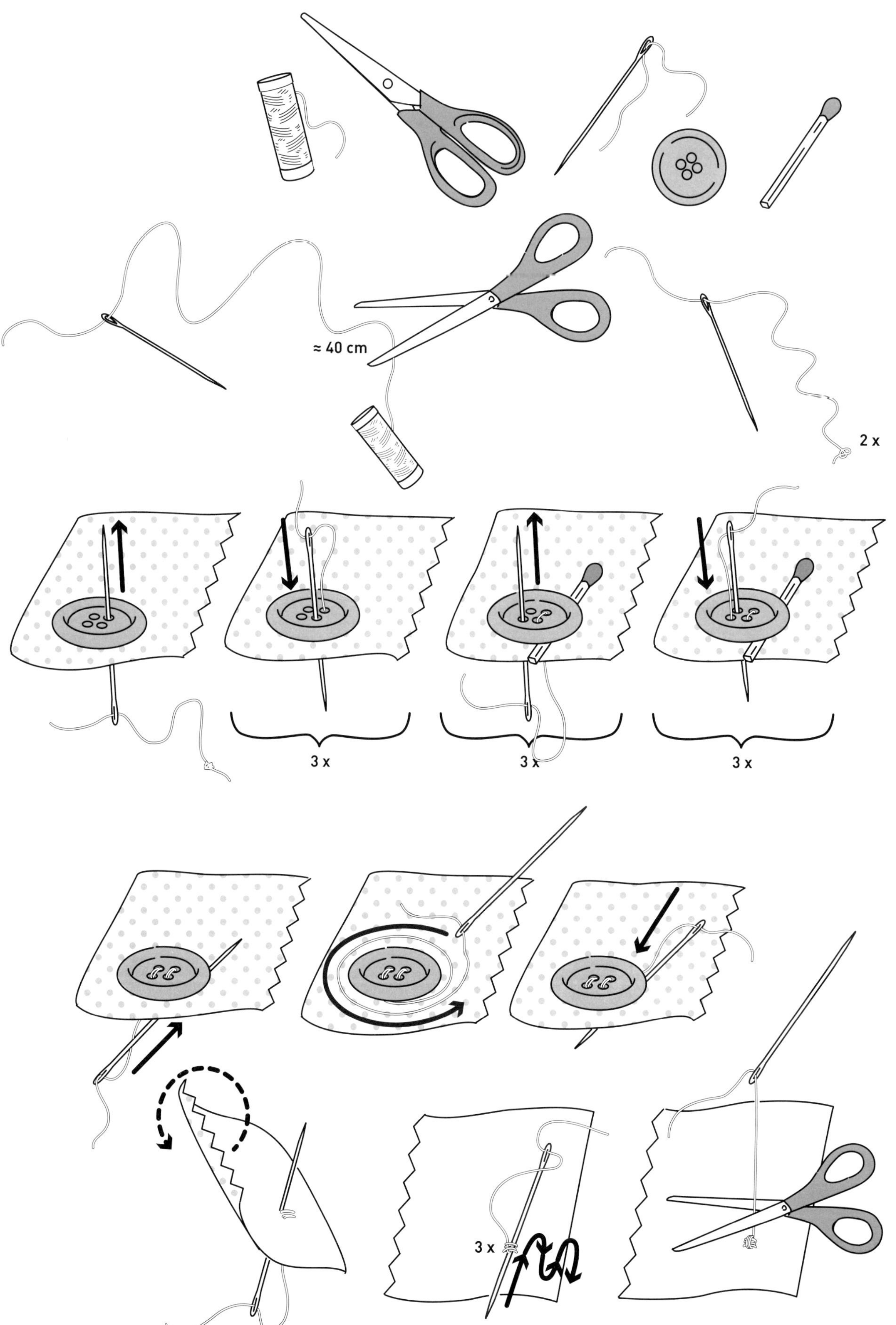

Kräuter ziehen

☆☆

Tapezieren

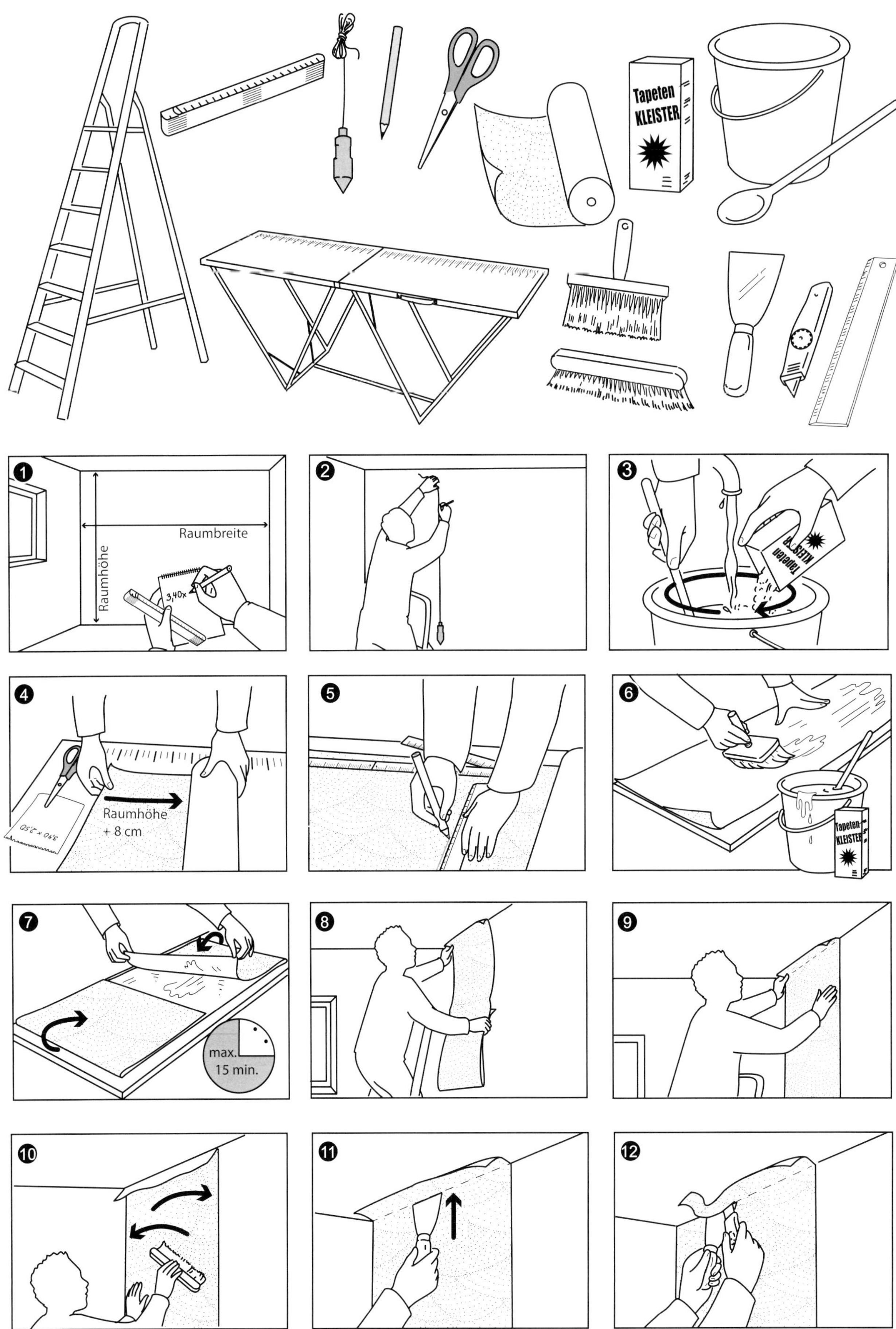
Tapeten KLEISTER
1
Raumbreite
Raumhöhe
3,40x
2
3
Tapeten KLEISTER
4
Raumhöhe
+ 8 cm
3,40 x 2,50
5
6
Tapeten-KLEISTER
7
max.
15 min.
8
9
10
11
12

Stuhl lackieren

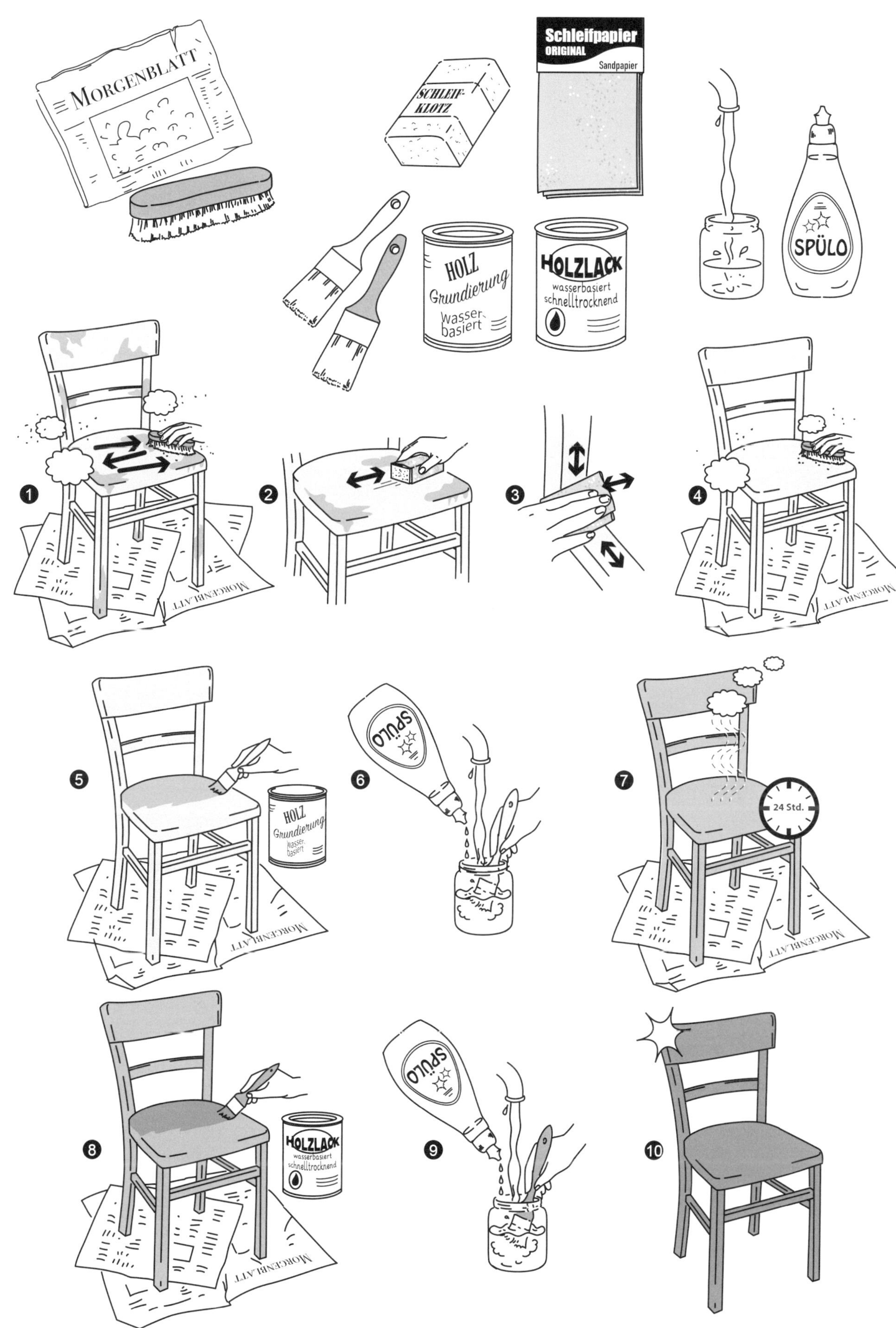

☆☆

Hemd bügeln

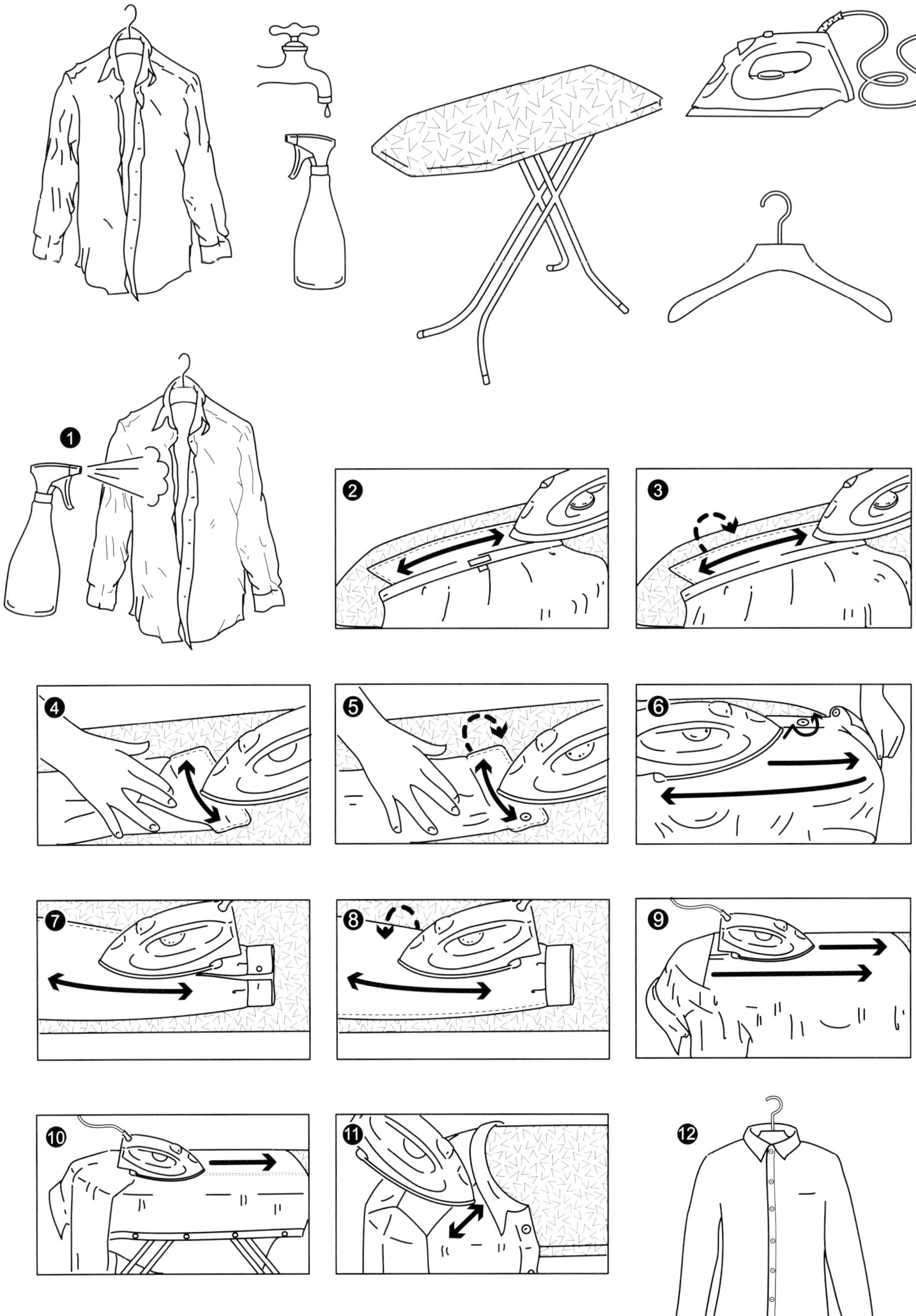

Bett beziehen

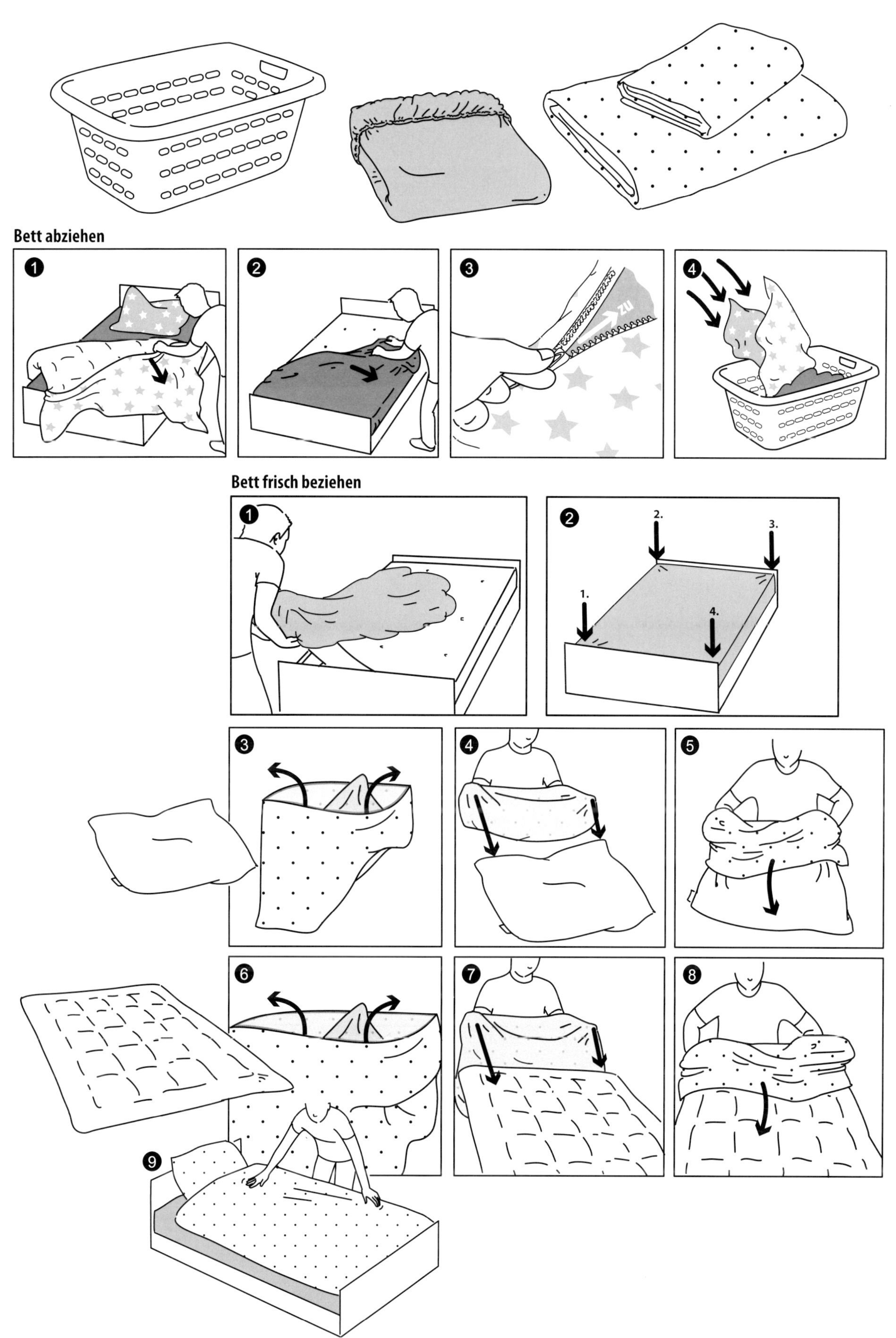

ERGÄNZENDE INFORMATIONEN ZU DEN VORLAGEN

Personenbeschreibungen

☆ Mädchen mit Rastazöpfen (S. 6)

Allgemeine Angaben: junges Mädchen, ca. 13 bis 17 Jahre alt (Teenager), hellhäutig
Gestalt: mittelgroß, schlank
Gesicht/Kopf: rundes Gesicht; lange, sehr helle Haare, (fast taillenlang); Rastazöpfe mit Haarschmuck (vier große Perlen); unterschiedliche Länge der Rastazöpfe; Haare fallen in dichten Zöpfen über die Schultern, verdecken die Ohren, zum Teil auch Hals, Schultern und Oberkörper; einige Sommersprossen auf und um die Nase; kleine Augen; freundliches, aber leicht unsicheres Lächeln; geschlossener Mund; schmale Oberlippe; freundlicher Gesichtsausdruck; Kopf zur Seite geneigt; Blick zur Seite gerichtet (nach links)
Kleidung: lässige Sommerkleidung: weißes, wadenlanges und ärmelloses Sommerkleid (in der Taille gerafft, uni, eine Art T-Shirt-Kleid); weiße, lange Socken, die aus den Schuhen herausragen; dunkle, knöchelhohe Turnschuhe mit weißer Sohle und weißer Schuhspitze; linker Schnürsenkel ist offen; geflochtene Armbänder an beiden Handgelenken, sonst kein Schmuck; lässiger, beutelartiger Rucksack mit geometrischen Mustern (vermutlich aus Stoff)
Körperhaltung: aufrecht stehend, leicht unsichere Körperhaltung: Fußspitzen zeigen zueinander; Arme halten den Rucksack vor dem Körper
Besonderheiten: keine

(Anm.: Die Bank dient nur der Ermittlung der ungefähren Größe des Mädchens und muss nicht in die Beschreibung einfließen.)

☆ Einradfahrer (S. 7)

Allgemeine Angaben: junger Mann, ca. 23 bis 28 Jahre alt, hellhäutig
Gestalt: mittelgroß, schlank
Gesicht/Kopf: kantiges Gesicht, lange, helle Haare, zum Pferdeschwanz im Nacken zusammengebunden, etwa schulterlang; Ohren liegen frei; kurz geschnittener Vollbart (gleiche Farbe wie die Kopfhaare), markante Augenbrauen; eckige Brille, freundliches, offenes Lächeln (zeigt Zähne); insgesamt sehr freundlicher Gesichtsausdruck; Blick zum Betrachter gerichtet
Kleidung: lässige, sportliche Sommerkleidung: weißes, kurzärmeliges T-Shirt über der Hose; kniekurze, karierte Hosen mit großen Seitentaschen mit Knopfverschluss („Cargo-Hose"); kurze, weiße Socken mit schmalen Streifen (knöchellang); dunkle Schnürschuhe (vermutlich Turnschuhe) mit weißer Sohle und weißen Schnürsenkeln; trägt dunklen Rucksack auf dem Rücken; am linken Handgelenk drei Armbänder/Armreifen; dunkle Kappe mit Schirm auf dem Kopf (Schirm nach vorne ausgerichtet)
Körperhaltung: fährt auf einem Einrad (Füße befinden sich auf den Pedalen) und grüßt mit der linken Hand den Betrachter; rechte Hand hält den rechten Träger des auf dem Rücken befindlichen Rucksacks fest; lässige, sportliche Haltung
Besonderheiten: recht feine Tätowierung am rechten Unterschenkel (Wadentattoo) in Form eines Schmetterlings mit einigen Schnörkeln

☆ Mann im Sessel (S. 8)

Allgemeine Angaben: älterer Herr, ca. 55 bis 60 Jahre alt, hellhäutig
Gestalt: mittelgroß; eher kräftige Statur, jedoch nicht untersetzt oder dick
Gesicht/Kopf: breites Gesicht; kurze, helle, leicht gewellte Haare, breite, hohe Stirn; kurzer Vollbart (gleiche Farbe wie die Kopfhaare); Oberlippenbart ist leicht nach oben geschwungen; Ohren liegen frei; getönte Brille mit hellem Gestell; breite Nase; schmale Lippen; geschlossener Mund; konzentrierter, entspannter Gesichtsausdruck, Blick ist auf die Zeitung gerichtet bzw. geht leicht darüber vorbei
Kleidung: elegante, extravagante Kleidung, in der Karo-Muster überwiegen: weißes Hemd mit dunkler Fliege; dunkle Weste mit schrägem Karo-Muster; helles Sakko mit breitem, dunklem Karo-Muster, ebenfalls karierte Hose jedoch mit hellem Karo auf dunklem Stoff, weiße Socken mit schmalen, längs verlaufenden Streifen gucken unter der Hose hervor; dunkle, fast schwarze Schnürschuhe; großer, ovaler Ring mit ovalem Schmuckstein am Ringfinger der rechten Hand; in der linken Hand eine brennende, dicke Zigarre (Rauch steigt auf); kräftige Hände

Körperhaltung: lesend; in großem Ohrensessel gerade sitzend (aufrechte Haltung), nicht ganz mittig, sondern an der linken Seite des Sessels angelehnt; die Beine übereinandergeschlagen (rechtes über linkes Bein); linker Arm (mit Zigarre in der Hand) ist auf der Armlehne des Sessels abgestützt, rechte Hand hält eine Zeitung fest; entspannte, dennoch gerade Haltung
Besonderheiten: ein zotteliger Hund mit dunklem Fell liegt, entspannt schlafend, zu Füßen des Mannes auf dem Boden; an der linken Seite des Sessels steht ein Aschenbecher, in den der Mann die Zigarrenasche fallen lässt (der Aschenbecker hat einen Standfuß und einen Griff)

☆ Marktfrau (S. 9)

Allgemeine Angaben: ältere Frau, ca. 60 bis 65 Jahre alt, hellhäutig
Gestalt: eher klein; untersetzt (kleine, rundliche Statur), sehr kräftig gebaut
Gesicht/Kopf: runder Kopf; helle, lockige, mittellange Haare, die von einem Kopftuch zusammengehalten werden; eine Stirnsträhne guckt hervor, ebenso ein paar Haare im Nacken und an der linken Schläfe, die zu sehen sind; viele Sommersprossen auf und um die Nase; zusammengekniffene, kleine Augen; Lachfalten rund um die Augen; hohe Wangenknochen; Grübchen am Mund und am Kinn; Doppelkinn; kurzer, kräftiger Hals; sehr herzliches, offenes, fröhliches Lachen; zeigt Zähne
Kleidung: Arbeitskleidung: weiße, vorne geknöpfte Bluse mit kleinem Kragen und großem Blattmuster (oberster Knopf ist offen); weiße, locker fallende Hose (Hosenbeine stecken in Gummistiefeln); dunkle, fast kniehohe Gummistiefel mit weißer Sohle; über der Kleidung eine unregelmäßig karierte, knielange Schürze mit einem runden Logo auf der Brust mit der Aufschrift „frisch & lecker"; die Schürze ist nach vorn (über dem Bauch) zu einer Schleife gebunden; weiß gepunktetes Kopftuch auf dem Kopf (dunkel mit weißen Punkten)
Körperhaltung: aufrecht, gehend, dynamisch: rechte Hand in die Hüften gestemmt; linke Hand hält eine Gemüsekiste („Gemüsestiege") fest, die auf der linken Hüfte abgestützt wird (vermutlich mitten bei der Arbeit); zupackender Eindruck
Besonderheiten: keine

☆☆ Rapper (S. 10)

Allgemeine Angaben: junger Mann, ca. 20 bis 28 Jahre alt, hellhäutig
Gestalt: eher klein, kräftig gebaut
Gesicht/Kopf: eher kantiges Gesicht; lange, sehr helle, lockige, etwas wuschelige, dichte Haare, im Nacken locker zum Pferdeschwanz zusammengebunden, um die Ohren und an der Stirn fallen lockige Strähnen ins Gesicht, etwa schulterlang oder länger (nicht genau erkennbar); linkes Ohr liegt frei; kurz geschnittener Kinn- und Backenbart (gleiche Farbe wie die Kopfhaare), kein Oberlippenbart; trägt Sonnenbrille, Augen daher nicht erkennbar; zum Singen geöffneter Mund zeigt ein paar Frontzähne, kräftiger Hals; Kopf ist vom Betrachter abgewandt
Kleidung: übereinandergeschichtete, lässige, trendige Kleidung mit vielen Details und Accessoires: dunkler Kapuzenpullover (Hoodie) mit tiefem V-Ausschnitt über der Hose (endet auf Höhe des Hosenbundes); lange Hose mit Seitentaschen – das rechte Hosenbein ist bis zum Knie hochgekrempelt, das linke Hosenbein steckt zum Teil im Schuh; lässige, kurze, weiße Jacke über dem Kapuzenpullover ohne Verschluss; Jacke ist kürzer als der Kapuzenpullover und hat einen kantigen Schnitt, vorne weit geöffnet; der linke Ärmel der Jacke ist bis kurz unterhalb des Ellenbogens hochgekrempelt; weiß gepunktetes Tuch hängt locker aus der rechten Hosentasche bis zum Knie herab; viel Schmuck: mehrere Ketten, davon drei unter dem Kapuzenpullover auf nackter Haut, eine lange Kette auf dem Kapuzenpullover mit auffälligem Anhänger in Totenkopfform und Perlen oder Kugeln; drei Armbänder am linken Handgelenk, ein Armband am rechten Handgelenk; zwei Ringe an der linken Hand (am Ring- und Mittelfinger), einer davon ein schlichter Ring, der andere ein großer, ovaler Ring; weiße Socken bis über die Knöchel, eine Socke ist durch das hochgekrempelte Hosenbein sichtbar, die andere verdeckt; weiße, knöchelhohe Turnschuhe mit weißen Sohlen und dunklen Schnürsenkeln; dunkle Kappe mit Schirm auf dem Kopf (Schirm ist nach links ausgerichtet);
Körperhaltung: aufrecht, breitbeinig stehend, in einer lässigen, coolen „Rapper-Pose": rechte Hand hält ein Mikrofon nah an den Mund, der linke Arm ist auf Brusthöhe angewinkelt, zwei Finger (Zeige- und Mittelfinger) der linken Hand sind abgespreizt und nach vorn gerichtet; das linke Bein ist etwas nach hinten versetzt, das

rechte, vordere Bein nach vorne ausgerichtet; die Schultern sind hochgezogen und lassen den Hals kurz erscheinen
Besonderheiten: recht große Tätowierung am rechten Unterschenkel (Wadentattoo), genaue Form nicht erkennbar

☆☆ Mann mit Smartphone (S. 11)

Allgemeine Angaben: Mann mittleren Alters, ca. 35 bis 48 Jahre alt, hellhäutig
Gestalt: groß, schlank, eher schmale Statur
Gesicht/Kopf: schmales Gesicht, heller, schmaler Kinnbart, Kopfhaar nicht erkennbar, da unter einer Kopfbedeckung; spitzes Kinn; schmale Nase; Mund geöffnet (scheint zu sprechen), einige Frontzähne sind erkennbar; Ohren liegen frei; Kopf und Blick zur Kamera des Smartphones gerichtet; selbstbewusste, ausdrucksvolle Miene
Kleidung: auffällige, historische Kleidung (Kostüm eines Edelmannes im Mittelalter): dunkle, hohe (bis zum Knie gehende) Schnabelschuhe mit Umschlag, längs gestreifte, enge, strumpfhosenartige Beinkleider (Pantalons); am Saum sehr breit und an den Armausschnitten schmal mit Pelz besetzte, ärmellose Tunika mit V-Ausschnitt; der Ausschnitt ist mit einer Borte eingefasst, an der auslaufenden Spitze befindet sich ein ovales Schmuckstück (eine Brosche oder ein Medaillon); die Tunika wird um den Bauch herum von einem Strick zusammengehalten (Stilbruch!) und fällt, leicht gerafft, bis auf die Oberschenkel, bedeckt diese jedoch nicht; unter der Tunika ein eng anliegendes, langärmeliges „Unterkleid" mit Stehkragen mit auffälligem Muster in Form unregelmäßiger, dunkler Streifen auf hellem Grund; über der Tunika ein dunkler Umhang (Stola) mit etwas hellerer Borte eingefasst; die Stola bedeckt Rücken, Schultern und Arme; einem Turban ähnelnde Kopfbedeckung aus Stoff (Chaperon), die zum Turban gewickelt wurde und deren Enden lose herabhängen (linkes Ende hängt bis auf die Schulter)
Körperhaltung: aufrecht, dynamisch, in einer selbstbewussten Pose: linke Hand in die Hüfte gestemmt, das rechte Bein leicht im Knie gebeugt, linkes Bein durchgestreckt; in der rechten, hochgestreckten Hand ein Smartphone zum „Selfie" ausgerichtet
Besonderheiten: die Kleidung stellt ein Kostüm dar, das Smartphone verrät es

☆☆ Sitzende Frau (S. 12)

Allgemeine Angaben: junge Frau, ca. 25 bis 35 Jahre alt, hellhäutig
Gestalt: schlanke Statur, Körpergröße aufgrund sitzender Haltung nicht erkennbar
Gesicht/Kopf: leicht rundliches, sehr hübsches, junges Gesicht; feine Gesichtszüge; mittellange oder lange, dunkle, leicht gewellte Haare, am Oberkopf zu einem Knoten (Dutt) zusammengebunden/-gesteckt; einzelne, gewellte Strähnen fallen locker ins Gesicht; die Ohren sind unbedeckt; ein Perlenohrring ist am linken Ohrläppchen erkennbar; auffällig geschwungene Lippen; voller, geschlossener, Mund; fein geschwungene, schmale Nase; um die Nase und auf den oberen Wangen zahlreiche Sommersprossen; kräftige, geschwungene, zusammengezogene Augenbrauen; geschlossene Augen mit kräftigen Wimpern; kleine, senkrechte Falte zwischen den Augenbrauen; schmerzverzerrter, leidender Gesichtsausdruck
Kleidung: schlichte Kleidung mit feinen Details und dezentem Schmuck: leichte, kurzärmelige, vorne durchgehend geknöpfte Bluse mit schmalem, hellem Kragen und kleinen, runden, hellen Knöpfen; kleiner Ausschnitt an der Bluse gibt den Hals frei; die sehr kurzen Ärmel bedecken lediglich die Schultern, die Oberarme sind frei; kleine, elegante Damenuhr am linken Handgelenk mit schmalem Band; am rechten Armgelenk ein kräftiger, runder Armreif; zwei Ringe an den Fingern: am Ringfinger der rechten Hand ein schlichter Ring (vermutlich Ehering), am Mittelfinger der linken Hand ein größerer, ovaler und gewölbter Ring mit Schmuckstein in einer schlichten Fassung
Körperhaltung: sitzend, auf einen Tisch oder Tresen aus Holz aufgestützt; der rechte Arm stützt den Kopf (die Stirn lehnt an der geschlossenen linken Hand); der linke Unterarm ist im rechten Winkel vor dem Oberkörper abgelegt und hält den rechten Arm am Ellenbogen bzw. stützt ihn; ruhende, leicht nach vorne gebeugte Haltung, wirkt matt, erschöpft, schmerzgeplagt
Besonderheiten: die Körperhaltung deutet auf Schmerzen/Erschöpfung hin

☆☆ Schlafende Frau (S. 13)

Allgemeine Angaben: Frau mittleren Alters, ca. 35 bis 50 Jahre alt, dunkelhäutig
Gestalt: eher klein, kräftig gebaut, korpulent, runde, weibliche Formen
Gesicht/Kopf: rundes, volles Gesicht, volle Lippen, geschlossener Mund; kleine, breite Nase, zum Schlaf geschlossene Augen; Haar und Ohren sind von einer Kopfbedeckung verhüllt; friedlicher, entspannter, leicht erschöpft wirkender Gesichtsausdruck
Kleidung: auffällig gemusterte Kleidung: weißes, eng anliegendes, kurzärmeliges Shirt, wadenlanger, sehr auffällig gemusterter, weiter Rock (heller Stoff mit einer Art großem Blattmuster), längs gestreiftes, breites Tuch um den Bauch als eine Art „Bauchbinde"; zum hohen Turban gebundenes, unregelmäßig kariertes Tuch um den Kopf; fünf schlichte Armreifen am rechten Handgelenk; offene, sehr schlichte Schläppchen, am Boden abgelegt; der Körper zeichnet sich durch die Kleidung deutlich ab; Arme, Füße und Unterschenkel sind unbedeckt
Körperhaltung: auf der rechten Seite liegend, schlafend/ruhend, zusammengerollt (im rechten Winkel angewinkelte Beine); Kopf ruht auf dem angewinkelten rechten Arm, dazwischen ein zusammengerolltes, gemustertes Kleidungsstück als „Kissen"; der linke Arm ist vor der Brust verschränkt und die rechte, zur Faust geschlossene Hand stützt Wange und Kinn
Besonderheiten: die Frau liegt inmitten eines Verkaufsstandes (Marktstandes) auf einer Holzbank

Tierbeschreibungen

☆ Fantasietier (S. 14)

Aussehen: aus sechs verschiedenen Tieren zusammengesetztes Tier, das so in der Natur nicht vorkommt: Kopf/Hals → Zebra (Fell); Geweih → Reh; Körper → Laufvogel (Vogel Strauß oder Emu [Federn]); Flügel → Schmetterling; Schwanz → Reptil; Beine → Laufvogel (Strauß oder Emu); sehr kleines Geweih; sehr langer, bis zum Boden reichender, mit Hornschuppen bedeckter Schwanz; sehr große, gemusterte Schmetterlingsflügel; lange, einfarbige Vogelfedern am rundlichen Körper; Kopf und Hals mit dem typischen Zebra-Streifenmuster (schwarz-weiß); dünne, mit Haut bedeckte Laufvogelbeine; Füße mit Krallen
Gestalt: zweibeinig; etwas gebückte Haltung; Kopf im Verhältnis zum Körper zu groß; kräftiger Schwanz; lange, schlanke, aber kräftige Beine, die einen großen Körper tragen müssen; merkwürdige Erscheinung

☆ Chinesischer Faltenhund (Shar Pei) (S. 15)

Aussehen: Vierbeiner; einheitliche Fellfarbe, rund um die Schnauze etwas dunkler; kurze Haare; Rute nach oben zusammengerollt getragen; kräftiger Hals; tief in den Falten liegende, klein wirkende Augen; kleine Ohren mit einer dreieckigen Form; Fell liegt in großen Falten um Kopf und Körper und wirkt, als wäre es dem Hund etwas zu groß; rund um die Schnauze ebenfalls große Falten, sodass der Gesichtsausdruck mürrisch wirkt; die Bärentatzen ähnlichen Pfoten wirken tapsig
Gestalt: mittlere Größe, sehr kompakter, kräftiger Körperbau, kräftige Beine und große Pfoten, die tapsig wirken, rundliche, pummelige Erscheinung

☆ Perückentaube (Jakobinertaube) (S. 16)

Aussehen: um den Kopf eine Art großer, ausladender „Haube"/"Perücke" oder „Mähne" aus aufgerichteten, strubbelig bzw. gelockt wirkenden Federn, Federn umrahmen den Kopf dicht und üppig wie ein sehr großer Kragen, reichen bis zur Brust; Augen, Schnabel und Oberkopf sind von diesen Federn unbedeckt; restliche Körperfedern liegen nahezu glatt an; die Schwanzfedern sind lang und glatt; die Federn oberhalb der Beine etwas mehr abstehend und kurz; spitze Krallen an den zwei Füßen, rechter Fuß ist beringt; spitzer, „dreieckiger" Schnabel; große, inmitten der Federn gut zu sehende, klare Augen
Gestalt: mittelgroßer Vogel, sehr aufrechte Haltung (wirkt stolz und elegant); der Kragen betont die aufrechte Haltung; etwas „zauselig", aber nicht struppig wirkend

☆ Wollhaarmammut (S. 17)

Aussehen: Vierbeiner; riesig; sehr lange, grobe, dichte Fellhaare (namensgebend), auch an Rüssel und Ohren; kurze, massige, säulenartige Beine; im Vergleich zum gesamten Körper sehr kleine, ovale Ohren; kräftiger, bis auf den Boden reichender Rüssel, der durch Behaarung noch kräftiger wirkt; auf dem Kopf ein „Höcker" (Kranialdom) mit auffälligem Haarbüschel; Buckel auf dem vorderen Rücken, Rücken fällt nach hinten zum Schwanz

hin ab; sehr große, nach oben gebogene Stoßzähne, die Spitzen der Stoßzähne sind aufeinander zugerichtet
Gestalt: sehr kompakter, wuchtiger Körperbau, massig, mächtig wirkend, durch die sehr großen Stoßzähne bedrohlich, gleichzeitig durch die reiche Behaarung, die den Körper umhüllt, auch behäbig erscheinend

☆☆ Saiga-Antilope (S. 18)

Aussehen: Huftier, Vierbeiner, auffällige, zu einer Art Rüssel geformte, buckelige, große Nase, die weit über das Maul hinausragt; große Nasenöffnungen; mittelgroße, leicht spitz zulaufende, vom Kopf abstehende Ohren; große Augen; zwei lange, schlanke, spitz zulaufende, leicht gebogene Hörner mit Quergraten (nur die männlichen Tiere tragen Hörner); kurzer Schwanz ohne Quaste; dichtes, wolliges, kurzes Fell
Gestalt: etwa so groß wie ein Schaf; Körperbau ähnelt einer Ziege oder einem kleinen Reh; durch die rüsselartige Nase eigenartig wirkend (die Nase scheint nicht zum Körper zu passen)

Anm.: Die Umrisse des Schafes im Hintergrund dienen nur einem Größenvergleich.

☆☆ Libelle „Teichjungfer" (S. 19)

Aussehen: Fluginsekt mit sechs Beinen; Körper besteht aus drei Teilen: Kopf, Brust und Hinterleib; Hinterleib gliedert sich in mehrere Abschnitte/Segmente, die ihn wie zusammengesetzt aussehen lassen; am Ende des Hinterleibs befinden sich die „Hinterleibsanhänge"; zwei Paar längliche, am Ende abgerundete Flügel (ein oberes und ein unteres Paar), durchscheinend, mit vielen, längs und quer verlaufenden „Verästelungen" (Flügeladerung) durchsetzt, die wie Blattadern wirken und die Flügel in kleine „Felder" unterteilen; vordere Flügel sind etwas größer als hintere Flügel; pro Flügel sitzt am vorderen Bereich der Flügelspitzen je ein dunkel gefärbter, kleiner Fleck bzw. ein dunkles Feld innerhalb der Aderung, ein Flügelmal (Pterostigma); seitlich am Kopf sitzend zwei riesige, halbkugelförmige Augen (Facettenaugen); zwischen den Augen, mittig am Kopf sitzend, zwei sehr kurze Fühler; behaarter Brustkorb; drei lange, mit zahlreichen abstehenden Dornen besetzte Beinpaare sind an der Vorderbrust positioniert (aufgeteilt in vorderes, mittleres, hinteres Beinpaar) mit Krallen an den Beinenden
Gestalt: äußerst schlankes, lang gezogenes Hinterteil mit einem kurzen, kräftigen Brustbereich, eher schmale Flügel mit sehr großer Spannweite, das Insekt wirkt filigran, feingliedrig, zierlich, durch die großen Augen und die kräftigen Beine mit Krallen aber auch räuberisch

Anm.: Die abgebildete Pflanze dient einem Größenvergleich.

☆☆ Fledermaus „Langohr" (S. 20)

Aussehen: kleiner Kopf mit verhältnismäßig großen, runden „Knopfaugen"; flache Nase mit großen Nasenlöchern; viele kleine, spitze Zähne im weit aufgerissenen Maul; kurze und breite Schnauze; auffällig lange Ohren, die den Kopf überragen (ähnlich lang wie der gesamte Körper); auffällige Ohrfalten, Ohren sind gewölbt; behaarter (mit Fell besetzter), flauschig wirkender, rundlicher Körper; zwei große, mit glatten, Flughäuten bespannte, ausgebreitete Flügel, die vom Körper weit abstehen (große Spannweite); die Flughäute umspannen die zwei dünnen, knochigen Arme und zwei Beine und bilden eine großflächige, alle Gliedmaßen verbindende „Membran" (ähnlich einem Drachenflieger); an den Armen sitzt außerhalb der Flughäute je ein kleiner „Haken" (Daumenkrallen); Arme und Beine stehen (im Flug) weit vom Körper ab, sind abgespreizt; an den Beinen befinden sich kleine Füße mit Krallen; der Schwanz ist ebenfalls mit der Flughaut verbunden, die Flughaut bildet eine Einheit
Gestalt: kleiner, rundlicher, flauschiger Körper mit überragenden Flügeln und Ohren; aufgespannt formen die Flughäute zusammen mit dem Körper eine Art „Dreieck"; räuberisches Aussehen, „frecher" Gesichtsausdruck; niedlich und zugleich angriffslustig wirkend

☆☆ Europäische Gottesanbeterin (S. 21)

Aussehen: sehr langes, großes, schlankes Insekt mit sechs Beinen; Körper besteht aus drei Teilen: Kopf, Brust und Hinterleib; dreieckig wirkender Kopf mit auffällig großen, halbkugelförmigen Augen, die an den „Ecken" des Kopfes positioniert sind, in den Augen kleine, schwarze Punkte (Scheinpupillen); zwischen den Augen ein langes Fühlerpaar; zwei nahe am Kopf an der Vorderbrust positionierte, sehr kräftige Beinpaare mit sehr kräftigen Schenkeln sowie Krallen und Dornen (Fangbeine); die mittleren und hinteren Beinpaare

sind weit darunter im vorderen Drittel des Hinterleibes verankert und deutlich dünner; sehr stark ausgeprägte Gelenke an den Gliedmaßen; die Beine können weit abgespreizt werden; eingeklappte, blattähnliche, übereinandergelegte, lange Deckflügel, die den Hinterleib verdecken;
Gestalt: extrem schlanker, lang gezogener Körper mit sehr auffälligen, langen Gliedmaßen; „staksig", fast wie dünne Ästchen wirkende, lange Beine und wie Zangen erscheinende Fangbeine; durch die großen, kugeligen Augen und die winzigen Scheinpupillen „neugierig" wirkender „Gesichts"ausdruck

Anm.: Die abgebildete Hand dient einem Größenvergleich.

Gegenstandsbeschreibungen

☆ Roboter (S. 22)

Bestandteile und Funktionsweise: die Funktionsweise des Roboters kann vielfältig sein und ist der Fantasie der Schüler*innen überlassen, in der Abbildung übernimmt er die Funktion eines Haushaltsroboters (Butler); darüber hinausgehende Funktionen können aus den Bauteilen des Roboters abgeleitet werden
Aussehen: aus (ausrangierten) Haushalts- und Alltagsgegenständen und Spielzeugen zusammengebaut: Karton mit Briefmarken und Empfänger-Aufkleber als Körper/Korpus, rohrartige Arme und Beine mit Kugelgelenken; Beine mit je zwei Rollen; linker Arm mit Schraubenschlüssel, rechter Arm mit einer Art Saugnapf zum Festhalten von Gegenständen; Blechdosen als „Ärmel" an den Oberarmen angebracht; Kopf besteht aus einem aufblasbaren, zweifarbigen Strandball (Ventil nach vorn ausgerichtet); an dem Strandball befinden sich ein Kronkorken, ein Plastik- oder Pappbecher und ein Küchensieb; Antenne am Rücken; trägt ein Tablett mit zwei Getränkebechern in der rechten Hand (mit Strohhalmen und mit Zitronen- oder Orangenscheibe bzw. Kirschen dekoriert)

☆ Seifenkiste (S. 23)

Bestandteile und Funktionsweise: einfaches, vierrädriges Fahrzeug, aus Holzteilen zusammengebaut; Fahrgestell, Fahrersitz und Sitzlehne aus Holz; lenkbare Räder mit Gummireifen; großes Lenkrad aus Fahrradreifen o. Ä.; Fahrzeug ohne eigenen Antrieb (fährt nur auf abschüssiger Straße oder in abschüssigem Gelände); keine Bremse (muss mit Füßen gebremst werden); Rückspiegel und sogenannte „Ballhupe" als weitere Bauteile
Aussehen: einfach, schlicht, grob zusammengezimmert aus sehr wenigen Bestandteilen, kantig, eckig; Fahrgestell aus hellem Holz mit starker Maserung, sehr breite Radachsen; dunkle Gummireifen mit Profil, helle (weiße) Räder; Hupe an einem Stab/Stock auf der linken Seite des Fahrgestells in Höhe des Lenkrads angebracht; runder Rückspiegel an einem im rechten Winkel gebogenen Stab an der Rückenlehne des Fahrersitzes angebracht; Kissen mit längs gestreiftem Stoffbezug als Rückenpolster, an der linken Seite mit zwei Knöpfen geknöpft; dunkle Füllung quilt aus dem Kissen etwas heraus; keine Karosserie vorhanden

☆ Kinderwagen (S. 24)

Bestandteile und Funktionsweise: modern, gut ausgestattet, praktisch, funktional, bedienerfreundlich: Gestell platzsparend zusammenklappbar; mit verstellbarer Lenkstange; abnehmbarer, schwenkbarer Sonnenschirm an der Lenkstange rechts; geräumige Wickeltasche mit Henkel an der Lenkstange befestigt; Schalenaufsatz mit Verdeck als Wind- und Wetterschutz; Verdeck mit Sichtfenster und Druckknöpfen zum Aufklappen; großes Einkaufsnetz zwischen den Rädern unterhalb des Aufsatzes; hintere Räder mit Luftbereifung, kleinere Räder schwenkbar
Aussehen: gepunkteter Stoff (helle Punkte auf dunklem Grund); einfarbiger Sonnenschirm; moderne, abgerundete Formen

☆ Standventilator (S. 25)

Bestandteile und Funktionsweise: Ventilator mit Axialgebläse (Axialventilator), d. h., die Luft wird axial angezogen und ebenso wieder ausgeblasen; drei kräftige Rotorblätter (Propeller) in einem Metall-Schutzgitter (Kleidung o. Ä. kann sich nicht in den Rotorblättern verfangen); verstellbarer Neigungswinkel; zwei Laufgeschwindigkeiten ermöglichen eine hohe Luftzirkulation; Fuß höhenverstellbar; sicherer Stand durch große Standfläche, strombetrieben (siehe Netzstecker)

Aussehen: dunkler Fuß, hellere Rotorblätter; moderne, schlichte Ausführung

☆☆ Mixer (S. 26)

Bestandteile und Funktionsweise: Mixer mit Doppelfunktion: als Handmixer (freihändige Anwendung möglich) und Standmixer zu verwenden, Gerät enthält ein Set aus je zwei Knethaken und Rührbesen; Rührwerkzeuge (Knethaken und Rührbesen) sind aus rostfreiem Edelstahl; Zubehör (Schüssel, Knethaken und Rührbesen) ist spülmaschinengeeignet, große Rührschüssel mit 3,9 Litern Fassungsvermögen für große Teigmengen und Flüssigkeiten; Drehschalter mit Schaltstufen zur Geschwindigkeitsregulierung am Rührgerät; ergonomischer Griff (der Hand angepasst) verhindert das Abrutschen beim Arbeiten (z. B. beim Rühren schwerer Teige); das nicht im Gebrauch befindliche Rührwerkzeug kann im Standfuß befestigt und aufbewahrt werden; mit Ein-Aus-Schalter sowie Schalter für das Auswerfen der Rührwerkzeuge am Griff des Rührgerätes und Kippschalter zum Entnehmen des Handrührgerätes am Standfuß; Saugfüße unter der Standfläche sorgen für festen Stand und Sicherheit beim Arbeiten; rutschfeste Fläche unter der Rührschüssel verhindert das Wegrutschen der Schüssel
Aussehen: moderne Ausführung; weiße Farbe überwiegt; Details in dunkleren Tönen; kompakt gebaut, platzsparend durch Aufbewahrung der Haken am Gerät selbst

☆☆ Wählscheibentelefon (S. 27)

Bestandteile und Funktionsweise: analoges Telefon; Telefonhörer mit Hörmuschel und dehnbarer, spiralförmiger Hörerschnur; Wählscheibe mit Fingerlöchern zum Wählen der Telefonnummer; zehn Löcher für die Ziffern 0 bis 9; jeder Ziffer von 0 bis 9 ist ein Loch zugeordnet; Ziffernblatt (Zahlenkranz) ist unter der Wählscheibe angebracht; eine Ziffer wird gewählt, indem der Benutzer den Zeigefinger in das entsprechende Loch der Fingerlochscheibe steckt und die Scheibe bis zum Anschlag nach rechts dreht; wird der Finger herausgezogen, dreht sich die Fingerlochscheibe in ihre Ursprungslage zurück; in der Mitte der Wählscheibe ein freies Feld zum Notieren der Notrufnummern (Polizei und Feuerwehr) und/oder der eigenen Rufnummer – zwei gestrichelte Linien sind vorgezeichnet; durch Auflegen des Hörers auf die Gabel wird das Telefongespräch beendet, durch Abnehmen der Hörmuschel kann ein Telefonat angenommen werden, zum Wählen einer Telefonnummer muss der Hörer ebenfalls abgenommen werden
Aussehen: rechteckig mit abgerundeten Kanten; kompakter Bau; verdrehte Hörerschnur; der Telefonhörer liegt neben dem Telefon

☆☆ Alte Nähmaschine (S. 28)

Bestandteile und Funktionsweise: antike, mechanische (Haushalts-)Nähmaschine mit Fußantrieb (mit Fußpedal/Tritt, Schwungrad und Handrad); (Eisen-)Gestell mit einer darauf montierten Tischplatte; in die Tischplatte eingelassen ist die eigentliche Nähmaschine; ein Treibriemen verbindet über das Fußpedal das Schwungrad und Handrad miteinander; das Fußpedal versetzt das Schwungrad durch regelmäßiges Treten in Schwung, dazu setzt man beide Füße in die Mitte des Trittes, und setzt die Maschine durch gleichmäßigen abwechselnden Druck der Zehen und Fersen in Bewegung; die Kraft wird vom großen Schwungrad auf das kleine Handrad übersetzt und die Maschine näht: die Nadel führt den oberen Faden durch den Stoff hindurch, dieser wird von unten mit dem Unterfaden verbunden und ein Stich entsteht; viele Stiche ergeben eine Naht
Aussehen: tischartiges Gestell mit vier Standfüßen, reich und aufwändig gestaltet und verziert; großes Fußpedal in der Mitte des Gestells; am rechten Gestellteil das Schwungrad mit Treibriemen, der durch die Tischplatte zum Handrad führt; helle, schlichte Tischplatte; links unter der Tischplatte eine schmale Schublade mit Griff; die in die Tischplatte eingelassene, dunkle Nähmaschine mit hellen, filigranen Blumenranken verziert; die Bezeichnung „Florina“ ist von den Blumenranken umrahmt; das Handrad ist hell; auf der Maschine sitzt eine Spule mit Nähgarn auf einer Halterung

☆☆ Kinderkarussell (S. 29)

Bestandteile und Funktionsweise: elektrisch betriebenes Fahrgeschäft; um eine vertikale Achse drehbares Gestell; auf einer Drehscheibe/Plattform im Kreis angeordnete Fahrzeuge und Figuren, in/auf denen man sitzen kann; die Drehscheibe ist über die Mittelachse und mehrere vertikale Stangen mit einer Dachkonstruktion verbunden

Aussehen: gegen den Uhrzeigersinn angeordnete Fahrzeuge und Figuren: Feuerwehrauto, Geländewagen, Motorrad, Pferd; eine Art offener Tasse/Schüssel; ein offener Sitz mit großer Spielfigur; an der Drehscheibe außen angebrachte, runde Lichter, Reflektoren o. Ä. (sieben sind sichtbar); fünf vertikale, dünne Stangen, die Drehscheibe und Dach miteinander verbinden; spiralförmig gestreifte Mittelsäule/Achse, um die sich die Drehscheibe dreht; reichlich verzierte Gesamtausführung: Dach mit Zeichnungen von Figuren (Teddy, Clown, Kindergesicht ...), verschnörkelte, verspielte Ornamente am Dach, auf der Unterseite des Daches sternenförmig von der Mitte aus auslaufende Strahlen mit Leuchten, von der Mittelsäule zum Dach führende Streifen mit Lichtern/Kugeln besetzt

Ortsbeschreibungen

☆ Friseursalon (S. 30)

großer, moderner Friseursalon: Eingangstür mit der Aufschrift „Friseursalon" und weiteren unleserlichen Angaben; vom Betrachter aus gesehen, links an der Eingangstür ein Fenster mit einer Topfpflanze; vor dem Fenster ein einzelner rundlicher Stuhl mit Rückenlehne und vier Beinen; rechts vom Eingang an der Wand eine einfache Garderobenleiste mit drei Kleiderbügeln, an einem davon hängt eine offene Jacke; darunter ein eimerähnlicher Schirmständer mit einem Regenschirm darin; rechts an der Wand, längs ausgerichtet, drei leere Frisierplätze mit je einem Armlehnsessel auf Rollen (je fünf Rollen); davor schlichte, große, rechteckige Spiegel an der Wand angebracht; rechts neben jedem Spiegel ist eine lange Lampe (Leuchtstoffröhre) hochkant angebracht, schräg darüber neben jedem Spiegel eine Trockenhaube an einem Gelenkarm; alle Trockenhauben sind gleich ausgerichtet (mit der Öffnung zum Betrachter); auf der linken Seite an jedem Spiegel eine Halterung mit je einem Haartrockner (die Kabel aller Haartrockner hängen lose nach unten); unter jedem Spiegel eine schlichte Ablagefläche (Regalboden) mit unterschiedlichen Flaschen/Sprühdosen; in Bodennähe unterhalb der Spiegel je eine Fußablage; im vorderen Bereich des Raumes (nah am Betrachter) ragen drei Haarwaschplätze quer in den Raum mit geräumigen, tiefen Armlehnsesseln und dahinter drei leicht nach hinten gekippten Haarwaschbecken; der dritte Haarwaschplatz ist aufgrund der Perspektive kaum zu sehen, an jedem Waschbecken hängen zwei Schläuche; alle Waschbecken haben eine Einbuchtung vorn (für die Positionierung des Kopfes/Halses) und eine Armatur mit Einhandhebel; rechts an der Wand hängt ein Bild mit einem Frauenkopf mit langen Haaren; in der rechten Wand ist ein leichter Versatz zwischen den Frisierplätzen und den Haarwaschplätzen, der die beiden Bereiche optisch trennt; links in der Nähe der Haarwaschplätze eine halbrunde Rezeption (aufgrund der Perspektive nur zum Teil zu sehen) mit zwei übereinanderliegenden Zeitschriften, zwei Sparschweinen und einem Terminkalender; der Boden des Salons ist glatt und spiegelnd; an der Decke hängen mittig fünf große, kugelförmige Lampen in unterschiedlicher Höhe und Größe

☆ Bushaltestelle (S. 31)

Bushaltestelle mit neuem und modernen Wartehäuschen: an einer Kreuzung, vom Betrachter aus gesehen, links an einer Straßenabzweigung sehr nah am Bordstein positioniert; rechts von der Bushaltestelle ein Wegweiser mit in drei Richtungen zeigenden Schildern: „Zentrum", „Hotel Flora", „Zoo"; links des Wartehäuschens ein Haltestellenschild mit der Aufschrift „Bus" und den angegebenen Liniennummern „126" und „33" sowie weiteren unleserlichen Angaben; hinter dem Wartehäuschen mehrere halbhohe Büsche und Bäume; vor dem Häuschen ein Zebrastreifen und, in die Straße eingelassen, ein runder Kanaldeckel (Gullideckel); das Wartehäuschen ist halbrund gestaltet: Dach und Rückwand gehen ineinander über und bilden eine Art längsseitig offener Röhre (zum Betrachter und damit zur Straße hin geöffnet); die Rückwand des Warthäuschens ist transparent; in die Decke des Häuschens sind drei runde Lampen eingelassen; an der Rückwand angebracht ist eine lange Sitzbank (in drei Sitzplätze unterteilt), die mit den Seitenwänden des Häuschens abschließt; die Bank besteht aus einzelnen Leisten; auf dem Dach des Wartehäuschens befindet sich links ein leicht nach hinten gekipptes, kleines Solarmodul an einer kurzen Stange; innerhalb des Wartehäuschens ist an der linken Wand ein großes Werbeplakat aufgestellt mit der Aufschrift „The Best for you"; an der rechten Wand außerhalb des Wartehäuschens ist in Bodennähe ein Mülleimer befestigt (fast voll, ein zerknülltes Papier oder Taschentuch liegt davor auf dem Boden); über dem Mülleimer eine Tafel mit dem Fahrplan (unleserlich)

☆ Kinderspielplatz (S. 32)

gut ausgestatteter, gepflegter Kinderspielplatz inmitten von Natur: vom Betrachter aus gesehen, im hinteren Bereich links zwei einfache Schaukeln in gleicher Höhe an einem Gestell angebracht; dahinter halbhohe Büsche, die bis zum Hügel rechts führen; auf dem Hügel rechts eine sehr lange, verschlungene Rutsche (ähnlich einer Sommerrodelbahn), die von der Hügelkuppe bis zum Sandbereich im vorderen Teil des Spielplatzes führt; die Rutsche beginnt am Aufstieg mit einem Kletternetz; der Hügel ist mit Gras bewachsen, im Hintergrund und links und rechts von der Rutsche einzelne Büsche/Bäume; in der Mitte des Spielplatzes, im Sandbereich zwischen Rutsche und Schaukeln ein hohes, schlankes Spielhäuschen aus Holz mit einer schrägen Kletterwand links und einer kurzen Rutsche rechts; an der Kletterwand ist ein Seil als Aufstiegshilfe befestigt; an der dem Betrachter zugewandten Wand des Häuschens ohne Spielgeräte befinden sich zwei übereinanderliegende Fenster (das untere ohne Sprossen, das obere mit senkrechten Sprossen), das untere Fenster hat außen eine Fensterbank; auf dem Häuschen befindet sich ein Spitzdach; im Giebel oberhalb der Kletterwand links ist eine halbe Sonne mit Strahlen aufgemalt; auf der dem Betrachter zugewandten Dachseite ist ein kleines Giebelfenster aufgesetzt; rechts von dem Häuschen in etwas weiterer Entfernung inmitten der Sandfläche ein Wipptier (Federwippe) in Form eines Seehundes; die Sandfläche geht zum Betrachter hin in eine Rasenfläche über; darauf am Rand, zur Sandfläche hin ausgerichtet, eine Parkbank mit Lehne, bestehend aus einzelnen Latten; links von der Bank ein niedriger Busch; rechts ein fast voller Mülleimer an einem Stab

☆ Freibad (S. 33)

modernes Freibad mit mehreren Schwimmbecken: im hinteren Bereich links ein niedriges Gebäude mit Flachdach und bodentiefen Fenstern oder Glastüren, der rechte Teil des Gebäudes ist ein Stück nach hinten versetzt und größtenteils von davor wachsenden Büschen verdeckt; auf dem linken Gebäudeteil sind auf dem Dach im gleichen Abstand zueinander drei im Wind wehende Fahnen angebracht; rechts des Gebäudes im Hintergrund dichte Büsche und Bäume, davor eine verschlungene, offene Riesenrutsche, die über eine offene um eine Säule herumführende Wendeltreppe erreicht werden kann; die Riesenrutsche führt in ein davor befindliches, quer verlaufendes, längliches Wasserbecken mit abgerundeten Ecken; Wasser fließt von der Rutsche in dieses Becken; links am Beckenrand eine Treppe mit zwei Geländern, die ins Wasser führt; links davon abseits ein kleines, schmales, rechteckiges Fußbecken mit Brause darüber; vor dem Becken mit Riesenrutsche ein breiteres Schwimmbecken (linker Bereich des Beckens nicht mehr im Bild zu sehen) mit einer Treppe mit Geländer, die in einem halbrunden Bogen verläuft und in eine kleine Rutsche übergeht, die ins Wasser führt; rechts und links der Rutsche an den Beckenrändern zwei Schwimmbadleitern, die ins Wasser führen; das Schwimmbecken ist ringsum in einem kleinen Abstand zum Rand von niedrigen Büschen (Hecke) umrahmt; die Hecke führt unter der Treppe zur Rutsche hindurch; in die Hecke integriert ist an der rechten Seite des Schwimmbeckens ein schmales, rechteckiges Fußbecken mit Brause; rechts davon verläuft ein gefliester Bereich, darauf rechts im Bildrand unten ein Sonnenschirm teilweise zu sehen; zwei weitere Sonnenschirme sind zwischen den Schwimmbecken und hinter der Riesenrutsche zu sehen

☆☆ Zukunftsstadt (S. 34)

futuristische Stadt an einem Ufer: am Horizont eine Gruppe aus sieben unterschiedlich hohen und unterschiedlich geformten, schmalen, sehr modernen Gebäuden (Hochhäuser); in der Mitte dieser Gruppe eine Art Fernsehturm: säulenartig mit zwei übereinanderliegenden, scheibenförmigen Elementen, die untere „Scheibe" etwas größer als die darüberliegende; das Gebäude überragt alle anderen Hochhäuser ringsum; ein Gebäude links davon sticht markant heraus: aus zwei senkrecht aufragenden Teilen bestehend, die spitz aufeinander zulaufen, der linke Gebäudeteil läuft treppenartig nach oben aus, der rechte Gebäudeteil endet in einer Art Rampe, die nach oben führt, der Gebäudeteil rechts ist höher als der links; vor dieser Gebäudegruppe verläuft eine dichte, halbhohe „Wand" aus Büschen und Bäumen, davor mittig ein flaches und breites Gebäude, das aus